なぜか好かれる

「人前での話し方」

岡本純子

東洋経済新報社

はじめに　「人前での話し方」が突然うまくなる世界最高の方法

「人前で話すこと」は世界共通の悩み

「人前で話すとき、緊張する、うまく話せない」という人はいませんか？

私は、**日本のトップエリートの「家庭教師」**として、これまで**数千人のリーダーたちに「話し方のノウハウ」を伝授**し、彼らの「殻を破る」お手伝いをしてきました。

また、次世代リーダー向けの「世界最高の話し方の学校」を主宰し、コミュニケーション力・リーダーシップ育成に携わるとともに、日本全国で研修や講演を行っています。

生徒や参加者の方々に「コミュニケーションの悩み」を聞くと、

「人前で話すのが苦手」

「知らない人との雑談や会話がうまくいかない」

「自分の言っていることが伝わらない」

という3つの声がよく上がります。

なかでも**「人前で話すこと」**、これは**世界共通の悩み**です。

「人前でうまく話せない」ことは人生のハンデになりやすい

英語では、「Glossophobia＝人前で話すことへの恐怖」という言葉まであるほど。Glossaとはギリシャ語で「舌」、phobiaは「恐怖」という意味で、なんと世界の人口の75％の人がこの症状を持っているというデータまであるのです。

とくにコミュニケーション教育がほぼ皆無の日本では、この割合はさらに高く、**社会人の84％が「人前での話が苦手」**と答えています。

プレゼンやスピーチといった機会はそれほどないという人でも、**パーティーや結婚式、送別会、職場でのあいさつ、講義、授業、朝礼、自己紹介といったように大人数の前で話す機会**、さらには、**面接や会議、説明など、少人数の前で話す機会は案外、日常的にある**のではないでしょうか。

そんなときに、どぎまぎしてしまう、緊張してしまう、自分の考えがまとまらない、うまく伝えられない……。これはとても、もったいないことです。

誰にも負けない才能や人格やアイデアを持っていても、そのよさや魅力を上手に人に伝えられなければ、世間的にはそれは存在しないのと同じこと。

ネットにつながらない携帯電話のように、その価値を活かしきれません。

一方で、たいした才能もなく、頭がいいわけでもないのに、自信ありげに堂々と、臆せず話せるだけで、得をしている人、要領よく生きている人。みなさんのまわりにもひとりやふたりいますよね。

それほど、**「人前でうまく話せない」ことは人生のハンデになりやすい**のです。

「人前で話す力」はAI時代における「最強の人間の武器」

「人前で話す力」が、なぜいま求められるのか。

それは、「自分という存在の価値をアピールする力」そのものであるからという理由以外にも、

「人を動かし、鼓舞するなど、リーダーとして必要なスキルである」

「思考力を鍛え、自らのアイデアの質を上げていける」

「度胸や自信に結びつく」


など多くのメリットがあるからです。

とくにこれからの人生100年時代は、会社に頼らず、自ら人生を切り開くことが求められます。

会社の中で、謙虚にふるまい、他人とうまくやるコミュ力も大切ですが、**自律的な生き方をするためには、自分の強みや競争優位性を上手にアピールする力が必須**です。

「多くのホワイトカラーの仕事がAIに取って代わられるのでは」と言われていますが、「人前で、即興で話し、自分の魅力を伝える」行為は**現状、「AIが代わって行う」のは難しく、他者との差別化ポイント**になりやすい。

つまり、**AI時代における「最強の人間の武器」**と言えるのです。

「人前で話す力」は、相手との心の架け橋の「ラスト1メートル」

「Judge a book by its cover」（本をカバーで判断する）という言葉がありますが、残念ながら、人は多くの場合、瞬間的な印象だけで簡単に判断され、中身までじっくり見てもらえません。

自分という商品の価値を最初に、そして最も強く伝えるのが、「人前で話す力」。

たとえば、モノを売る場合も、商品やサービスの質などよりも、売り手であるあなたが相手に与える直観的な印象や信頼感が最後の決め手になることはよくあります。

「人前で話す力」は、まさに相手との心の架け橋の「ラスト1メートル」。

そのノウハウは、人生の多くの場面で使える汎用スキルであり、この力を鍛えることで、コミュニケーション力が全体的に底上げされる、驚異的な「ブースター効果」が期待できるのです。

なぜ、日本人は「人前での話」に苦手意識を持っているのか

しかし、こんなにも大切なスキルなのに、**ほとんどの日本人は「人前での話」に苦手意識を持っており、実際に上手な人は少ない**。

結果として、遠慮がちな日本人は、臆面なく自己アピールをする海外の人とのグローバル競争に競り負けてしまっています。

海外、たとえばアメリカなどでは、ごく当たり前に、堂々と人前で話す人が多い印象ですが、それはなぜでしょうか？

理由① 幼少時からの徹底教育

ひとつめの理由が、**「幼少時からの徹底した教育」**です。

アメリカでは幼稚園のころから、人前でプレゼンをし、小学校で、しっかりとそのやり方を叩き込まれます。

❶メッセージはクリアか
❷構造は明確か
❸アイコンタクトはできているか
❹声はしっかり出ているか
❺ジェスチャーは使えているか

などのチェックリストにもとづいて、まるで漢字の小テストのように、頻繁に、その能力を試されるのです。

さらに、街中には話し方を学べる学校やセミナー、ワークショップが無数にあり、大人になってからも、学校や会社の帰りに、まるで、ジムや居酒屋に行くように日常的に通います。

一生で最も大事なスキルだからこそ、生涯を通じて、その力を鍛え、磨きつづけていくのです。

一方、日本の学校では、「読み書き」や英語、古文は何百・何千時間もかけて学ぶのに、**人生において最も大切なスキルである、日本語の「話し方」「聴き方」「対話の仕方」などを体系立てて習得する機会はほとんどありません。**

これは本当に残念なことです。

理由② 「正解」を学んでいる

2つめの理由は、**彼らは『正解』を学んでいるから**」です。

コミュニケーションは、じつは「科学」です。脳科学や心理学、人類学、社会学、行動経済学などのエビデンスにもとづいて編み出された絶対ルールが存在します。

「こうすれば人を動かせる」「人と仲良くなれる」「人に好かれる」……。

れっきとした**方程式**や**法則**があり、それを実践するだけで、好感度や説得力を簡単に上げることができるのです。

体験エピソード

私は新聞記者やＰＲコンサルタントとして、20年近く「伝える仕事」に携わったあと、２０１４年に、「コミュニケーションの武者修行」のために、アメリカ・ニューヨークに渡りました。

じつは私自身、人前に出ると、緊張で、ひざがガクガク、のどがカラカラ。演台にしがみついて、事前に用意した原稿を読み上げるのがやっと、という有様だったからです。

日々、ワークショップやスクール、授業などに通い、ブロードウェーの俳優、ボディランゲージの専門家、作家、心理学者、コミュニケーションコーチなど、まさに人前での話し方のプロ中のプロ、世界トップレベルのコミュニケーションの専門家から完全グローバルスタンダードの奥義を学びました。

同時に、膨大な研究文献からコミュニケーションの科学を読み解き、独自の「コミュ力改善メソッド」を編み出したのです。

おかげで、**いまでは人前でも、まったく緊張することがなくなり**、日本のトップエリートの方々に、人前での話し方のノウハウをお教えするまでになりました。

たった1~2時間のコーチングで、多くの人が、「奇跡のトランスフォーメーション（大変身）」を遂げ、自信を手に入れ、堂々と話すことができるようになる。

その「ビフォア＆アフター」の激変ぶりを目撃するたびに、

「『話し方』は素質ではない、いつからでも簡単に学べるスキルであり、人生を変える最強の武器なのだ！」

と実感します。

「完全メソッド」で揺るがぬ自信を手に入れる

これまで、前著『世界最高の話し方』『世界最高の雑談力』『世界最高の伝え方』で、コミュニケーションのさまざまな場面での即効ノウハウをお伝えしてきましたが、今回は、**まさに私の本領・本業でもある「人前での話し方」**に絞って、その必勝法を余すところなく紹介しています。

日本のみならず、海外でいま最も成功しているトップリーダーたちの事例も数多く盛り込みました。

彼らを世界の頂上に導いたコミュニケーションの超必殺技を学ぶことで、みなさんもきっと新しい自分の可能性を発見できるはずです。

「何をどう伝えればいいかわからない」「人の目がやたらと気になる」「自信が持てない」「恥ずかしい」……。

私もそんな息苦しさや悩みを持っていました。

だからこそ、たんなる経験や才能や成功から導き出した「個人的見解」や「抽象的な『すべき』論」ではなく、**科学的エビデンスのある世界水準かつ最新の「絶対的正解」と「具体的にすぐに実践できる方程式」をお届けする**ことにこだわりました。

コミュニケーションの2つの柱は**ジェスチャーや声など「どう話すのか」**と、**話す中身、「何を話すのか」**です。

この本では、まず前半で、**「秒」であなたの印象を爆上げし、愛され、信頼される「ふるまい方」「魅せ方」や緊張のほぐし方**、つまり**「どう話すのか」**について徹底解説します。

人前での話し方の巧拙は、このノウハウで決まると言っても過言ではありません。

続いて、後半では、**「何を話すのか」、言葉の使い方、組み立て方**について紹介していきます。

不透明で、不確実で、不安だらけの時代を生き抜くための最強の武器。

それが**「人前で話す力」**です。

ひとりでも多くの方に、この本で網羅した「完全メソッド」で、揺るがぬ自信を手に入れ、人生の糧としていただきたい。それが私の切なる願いです。

CONTENTS

なぜか好かれる「人前での話し方」

CONTENTS

第2章 あっという間に堂々と。「秒」で魅力を高めるジェスチャーの完全ノウハウ 57

第3章 緊張ゼロで、自信を持って話す方法 79

CONTENTS

Yes!
OK!

fun!

CONTENTS

第1章

ボディランゲージの基本のき。人は「どう話すのか」で決まる

人前での話し方は**「どう（How）話すのか」**と**「何を（What）話すのか」**の2つの要素で決まります。

前者はボディランゲージや見た目、声などの**「話し方」「デリバリー」**、後者は言葉など**「話す内容」「コンテンツ」**と言い換えられます。

前者がコミュニケーションにおいて決定的な役割を果たすことから、欧米では、「話す内容」のみならず「話し方」の研究が盛んです。

元FBIのエージェントやポーカーのチャンピオンなどがボディランゲージの専門家として活躍しており、何百冊と専門書があるほどのノウハウが蓄積されています。

本章では、そうした世界の達人から学んだ、**あっという間に「堂々とふるまえる」「自信があるように見せる」ジェスチャーや表情、声の出し方**など**ボディランゲージの秘訣**をお教えします。

知っているようで知らなかった、**「ふるまい」の絶対ノウハウ**、みなさんの**話し方や印象を劇的に改善する秘伝のコツ**を学びましょう。

人の身体からは**無数の「信号」**が発信されている

リモート会議では何回も話をしている人でも、実際に会ってみたら、印象がまったく変わった。そんな経験ありますよね。

人は身体から「ソーシャルキュー」と言われる無数の信号（メッセージ）を発信しています。

コンピュータの画面上ではわからなかったけれど、対面だと、頭や手の動きや目つき、顔色などほんのちょっとした特徴や変化から、その人の性格や心持ちなどを読み取れる。そんなことも起こるわけです。

「メラビアンの法則」をご存じでしょうか。

人と人とのコミュニケーションにおいて、**言葉が7％、声が38％、見た目が55％**の割合で相手に影響を与えるという説で、1971年に心理学者のアルバート・メラビアンによって提唱されました。

ここから、印象形成において、言葉などの言語情報の割合は1割もなく、結局は声や見た目などの非言語情報で決まる、と解釈されます。

しかし、この研究は、たとえば、「厳しいことを笑顔で言う」といった矛盾した状況で、「言語情報」と「非言語情報」のどちらが優先されるかを調べたもので、結果はそんなに単純に解釈できるものではありませんでした。

長年、トップリーダーのコミュニケーションの家庭教師を務めてきた私の経験から言えるのは、ジョージ・クルーニーのように激シブな見た目で、ジョン・カビラさんのように深みのある声をしていても、内容が論理的で説得力がなければ、リーダーとしては失格。

「言葉」と「非言語」がコミュニケーションの両輪ですが結局、印象を形づくるのは、

「言葉が3分の1、声が3分の1、見た目が3分の1」

つまり、

「だいたい、言葉が3割、残りの7割が声や見た目」

というのが私の実感です。

「何を話すのか」は、もちろんコミュニケーションの本質。

ただ、相手の心証を形成するにあたっては、ジェスチャーや姿勢、アイコンタクト、声など言葉以外の非言語情報のほうが、よっぽどインパクトが強いということです。

人の印象は「何を話すのか」より「どう話すのか」で決まる

「同じ言葉でも、言い方によって、印象が大きく異なる」


これはみなさんも経験があるでしょう。

おざなりな「ありがとう」と、心を込めた「ありがとう！」。

投げやりな「がんばって」と、真剣なまなざしと口調の「がんばって！」。

同じ言葉でも言い方、たとえば、表情や声のトーン、込める感情、ジェスチャーなどで印象は大きく変わってきます。

「これやっておいて！↘」と、語尾を下げて、厳しい調子で言えば、パワハラっぽく聞こえますし、「これ、やっておいて？↗」と語尾を上げて、やわらかい調子で言えば、優しく聞こえます。

COLUMN

中身より声のトーンが「物を言う」

数々の革新的研究で知られるオックスフォード大学の人類学者、ダンバー教授が面白い実験をしています。

まず、自然な会話をしている人の3種類の音声データを用意しました。

❶実際の会話
❷言葉の部分をマスクし、内容はわからないが、トーンや語調は判別できるもの
❸実際の会話を純粋なトーンだけに改変したもの

実験の参加者は、そのデータを聴き、会話者の関係性がポジティブかネガティブかをどの程度、判別できるか、という実験です。

結果は、❶の編集されていない音声データでは、約80%の精度で識別する

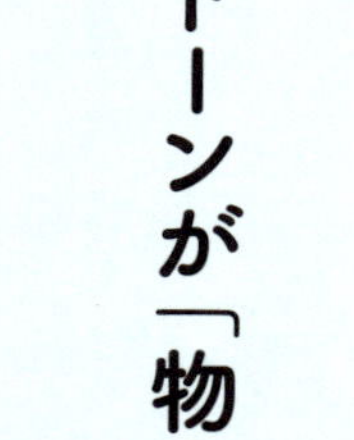

ことができました。

一方、内容がわからない❷でも75％、❸でも60％の精度で判別できたそうです。

つまり、**言葉が聞き取れなくても、その声のトーンや込められた感情で、人はかなりの情報を読み取ることができる**ということ。

この結果から、研究チームは、人の社会的関係性に関する情報の約80％は非言語的な手がかりに含まれていると結論づけました。

パワハラ議員の言葉を書き起こした文章を読んでも、さほど腹は立たないけれど、その音声データを聞いて、怒りがこみ上げる、そんな経験があるかもしれません。

私は、選挙前に候補者の演説を聞きに行くのを趣味にしていますが、彼らの声やジェスチャーなど、ボディランゲージを見るだけで、だいたい誰が当選するのか、かなりの確率で当てることができます。

結局、**コミュニケーションは「何を言うのか」よりも「どう言うのか」で決まりやす**

い。

せっかくいい内容なのに、自信なさげに、上ずった声で話していたり、原稿を読み上げていたり、まったくアイコンタクトがなかったり……。

そんなことで、中身のよさがまったく伝わらないのは惜しいですよね。

そんな「もったいない」を解消し、堂々と、カッコよく人前で話すためのボディランゲージのコツ。

そのポイントは、大きく分けて**「声」**と**「目」**と**「手」**の3つです。

一つひとつ詳しく解説していきましょう。

「声は大きく、ゆっくり」はもう古い

低く野太い声、甲高い声、か細い声……同じことを話していても、話し手の声の質によって、印象は大きく変わります。

よく「声」の話をすると、多くの人が**「滑舌が悪い」**ことを悩みとして挙げます。

もちろん聞きやすい声は大切なのですが、じつは、それよりもっと大事なことがあります。

体験エピソード

「人前での話し方がうまくなりたい」と思った私は十数年前、日本で、とあるプレゼン教室に通いました。

そこで、講師に繰り返し、しつこいほど言われたのが、**「とにかく声を大きく、ゆっくり！」**ということ。

仕方なく、叫ぶように大きな声で話していたら、すっかりのどを痛めてしまいました。

ボイストレーニング教室にも通いましたが、「あえいうえおあお」など、早口言葉のような発声を何度もやらされ、のどばかりを使うやり方に、「なんだか違う……」とこれまた違和感を覚えました。

結局、渡米し、ニューヨークで、最先端のコミュニケーションの科学を学んだわけですが、「大きな声で、ゆっくり」と指示されることは一度もありませんでした。

また、ブロードウェーの俳優に教わった発声法も、日本で教わったものとはまったく異なり、全身を使った呼吸法でした。

では、**なぜ「声が大きく、ゆっくり」が間違い**なのか。

まず、**「声が大きい＝聞き取りやすい」わけではありません**。

政治家の辻立ちで、ひたすらシャウトするようにしゃべる人は大変多いのですが、大声でがなりつづける話し方には心動かされません。

また、話すスピードは、高齢の人などに対して話す際には、ゆっくりめのほうがいいのですが、**一般的には、テンポのいいスピードで話す**ことをおすすめしています。

いま、多くの人が倍速でYouTubeやNetflixを見る時代。

話すスピードも上がってきています。

『日本経済新聞』の記事によると、「視覚障害者向けの読み上げソフトでは、標準の速度は1分間410文字だが、670文字に速度を上げて聞いている人が多い」そうで、「同じ時間で多くの内容を聞けるほうがいいという『タイパ志向』の人が増えている」とのこと。

NHKのアナウンサーの話す速さは、1分間に300〜350文字とされていますが、じつは人は、1分間に450文字程度の話も理解できると言われています。

あまりにゆっくり話を聞かされると、脳が飽きてしまうのです。

最近は、**早く話す人のほうが「頭の回転が速い」「カリスマ性や説得力がある」と見られがち。**

Airbnbのブライアン・チェスキー、OpenAIのサム・アルトマンなどのアメリカの有名な起業家もそうですが、日本でもいま人気のインフルエンサー、コメンテーター、お笑い芸人などは、かなり早口の人が多い印象ですよね。

「早口は、バカに思われることを心配する人に対して使うと、とくに効果的」とは世界最大のヘッジファンドの創業者で、アメリカの伝説的投資家レイ・ダリオの金言ですが、早口で、高い熱量を持って話す起業家にひかれて、有名な経営者が多額の投資をし、大損してしまった事例は枚挙にいとまがありません。

相手を飽きさせない程度にスピーディーなテンポをおすすめしているわけですが、かといって、まくしたてるように話せということではありません。

話し方で大事なのは、じつはメリハリなのです。

声はメリハリが9割。キーワードと「2N」はゆっくり、ハッキリと

声は、ゆっくりであればいいわけでも、大きければいいわけでもなく、スピード、高さ、大きさ、抑揚、間《ま》を工夫して、いかに声に変化、メリハリをつけるかがポイントです。

人は変化がない状態では、脳が睡眠状態に入るようにできています。

ガタンゴトンと規則的に揺れる電車の中で眠くなるのは、その一定のリズムが、脳を退屈させるから。

ドレミドレミ……と同じ音を同じスピードで永遠に繰り返す音楽を聴いていたら、脳は停止してしまいそうですよね。

日本人の多くはテンションが低く、モノトーンで、何の抑揚もなく、まるで読み上げるように話します。

いかに声に抑揚をつけて、聞き手にその音色を楽しんでもらえるかが勝負です。

次のようにして、声に抑揚をつける工夫をしていきましょう。

スピードで緩急をつける

全体として、スピード感を持って話を進めながら、キーワードは**「ゆっくり、ハッキリ」**と話します。

声の高さを変える

声の高さによって印象を変えることができます。

高い声は若々しさや親しみやすさ、低い声は威厳や力強さを表します。

与えたい印象によって、声の高低をコントロールできるようになれば、上級者です。

声の大きさを変える

「ずっと大きな声」「ずっと小さな声」ではなく、声に強弱をつけることで、メリハリをつけ、キーワードを際立たせます。

時に大きく、時にささやくように話すことで、聴衆の注意をひきつけることができます。

声色を変える

「『佐藤くん』。そのとき、先生が言いました」など、セリフのシーンは、まるで落語のように、**その誰かになりきり、声色を変えて**話してみましょう。

間をとる

キーワードの前で**2秒、「間」をとり**、言葉を際立たせます。

2N（NumbersとNames）を強調する

「数字」と「固有名詞」はゆっくり、ハッキリと話す。

気持ちを込める

言葉にその意味や感情を乗せていきましょう。

「力強く」という場面では「力強さ」を、「一生懸命」なら「一生懸命さ」を言葉に込めるのです。

ほかにも、「興奮」「圧倒的」「革命的」……など。

発する言葉が持つ情感を表現し、伝えていきましょう。

やってみよう！

たとえば、次のような内容の場合、

ヒルズファクトリーの阪本愛子です。

当社はAIを活かしたロボティックス分野で125の特許を保有しています。

その強みは圧倒的な技術力。世界水準の先進技術を活かして、工場など現場の生産性の劇的向上を実現します。


何の抑揚もなく読み上げると、のっぺりと平面的で、印象に残りません。

では、抑揚をつけてみましょう。

☑ **太字を強調する**

☑ **傍線の2N（数字と固有名詞）はとくに、ゆっくり、ハッキリと**

☑ **二重傍線の言葉に気持ちを込める**

右の3点を意識しながら、次の文を話してみてください。

ヒルズファクトリーの**阪本愛子**です。

当社は**AI**を活かした**ロボティックス分野**で**125の特許**を保有しています。

その強みは（間を2秒）**圧倒的な技術力**。

世界水準の先進技術を活かして、工場など現場の生産性の**劇的向上**を実現します。

より立体的に聞こえ、「読んでいる」のではなく、「話している」という臨場感、リアリティが生まれます。フラットな2次元の声を、**より深みのある3次元の声にアップグレード**する感覚です。

逆に、アナウンサーや司会のように雑音を一切排除した、うますぎる話し方、アニメ声などは、わざとらしく、人工的に聞こえることがあります。

多少とちっても、どもっても大丈夫。

滑舌よく、きれいに話すことに気をとられるより、みなさんの**個性や地声を活かしたメリハリある話し方**をおすすめします。

3秒で堂々とした声が出る「ヤッホーの法則」

私は、これまで数千人のトップエグゼクティブの話し方の家庭教師として、彼らのトランスフォーメーション（大変身）のお手伝いをしてきました。

そのセッションで**必ず行う「儀式」**があります。

これをすると、**誰でも、必ず、あっという間に堂々とした声が出せる**という**「魔法のイニシエーション」**。

誰でも知っているあの有名企業の社長・ＣＥＯから大臣まで、みなさんに経験していただき、その効果はお墨付きです。

やり方はいたって簡単。**3回、「ヤッホー」を唱えるだけ**です。

- ☑ **1回目が「ド」**
- ☑ **2回目が「ミ」**
- ☑ **3回目が「ソ」**

というように少しずつ音程を上げ、音量も大きくしていきます。

3回目の「ヤッホー」の音程と音量で、第一声を発するのです。

ヤッホー、ヤッホー、ヤッホー、みなさんこんにちは～！

といった具合です。

ここに注意！

みなさんは、普段たいてい「ド」の音程と音量で、テンション低く話しています。

人を動かすのは、話し手のエネルギーです。

人前で話すときには、**もっとテンションを上げ、言葉にパッションやエネルギーを吹き込んでほしい**のです。

「ヤッホー3回」は、言葉の「フォース」を上げるための「ホップ・ステップ・ジャンプ運動」。跳び箱の踏切板のように、言葉に勢いをつけるおまじないです。

もちろん、**本番で、聴衆の前で「ヤッホー」と言うわけではなく、練習の時間にやりましょう**。

本番では心の中で唱えて、第一声を発してください。

びっくりするぐらいに力強い声が出ますよ。

性格の良さ・悪さは「○」に出る？

「声」に続くポイントが「**目**」です。

「目は口ほどに物を言う」

こんな言葉がありますが、**目は人間の身体で最も注目を集めやすいパーツ**です。

あるアンケート調査によれば、どのような顔が「性格が悪そうな顔なのか？」という質問に対して、

「目が冷たい」（46・9％）
「笑っていても目が笑っていない」（45・1％）

という回答が多く寄せられていました。
逆に、どのような顔が「性格が良さそうな顔なのか？」という質問に対する回答は、

「笑ったとき、目も笑っている」（54・5％）
「目がキラキラしている」（34・8％）

という順番でした。

シェイクスピアの言葉に、「The eyes are the window to the soul」というものがあります。直訳すると**「目は魂への窓」「心の鏡」**などと訳されたりします。

目を見れば、その人の本質までが見えてしまう、ということのようです。

それぐらいに大事な「目」は、人前で話すときも非常に大きな役割を果たします。

「ボディランゲージの一番のポイントは？」と聞かれたら、私は迷わず**「アイコンタクト」**と答えるでしょう。

それぐらい、話し手と聞き手が視線を交わすことは大切なのです。

それは、なぜでしょうか？

アイコンタクトは両者の大脳辺縁系のミラーシステム（目にした行為をあたかも自身のものであるかのように「共鳴する」仕組み）を活性化することが、生理学研究所の定藤規弘教授らの研究で明らかになっています。

つまり、喜びや興奮といった感情を共有し、お互いの共感を高め、絆を深めることができるということなのです。

それ以外にも、アイコンタクトによって、話の内容が理解され、記憶されやすくなる、敬意を感じやすくなる、より魅力的に見えるなど、その効果は多くの研究によって実証済みです。

まるでネオジム磁石のように、人間同士を結びつける最強の武器である一方で、目を合わせないことは自信のなさを示すとも言われます。

アイコンタクトを極めることは、話し方マスターへの第一歩なのです。

アイコンタクトは「キャッチボール」と「0―3―50―70―100」方程式

アイコンタクトがいかに大切とはいえ、「恥ずかしい」「やり方がわからない」「目を合わせるのが苦手」という方に朗報です。

「目からうろこ」の秘策があるのです。

プレゼンなどで複数の人の前で話す場合、目の前にいる人たちとのアイコンタクトの方法として、次のうち、どれが正解でしょうか?

❶**灯台方式**:灯台のサーチライトのように聴衆全体をなめるように見渡す
❷**見返り美人方式**:目線は基本、スライドに向き、時々、振り返るように聴衆

を見る
❸テニスの観客方式：右から左、左から右へと振り子のように目線を配る（首相会見のように、両側にプロンプターを置くとやりがち）

じつは、どれも間違っています。

「目の前の人たちを、じゃがいもだと思え」などというアドバイスもありますが、これもNG。

正解は**「キャッチボール方式」**。

目の前の一人ひとりと順番にキャッチボールをするように、目線を交わすのです。

人数の多い会場であれば、6セクションぐらいに分け、Aセクションの誰かひとり、→Cセクションのひとり……というように**ひとりずつ目を合わせる**ようにしていきます（図1-1）。

ポイントは、聴衆の誰かひとりとしっかりと目を合わせること。

「この人は私のことをちゃんと見てくれている」

「私に対して話しかけてくれている」

と相手に思わせるのです。向き合うのは人であり、じゃがいもではありません（どち

図1-1 アイコンタクトの正解

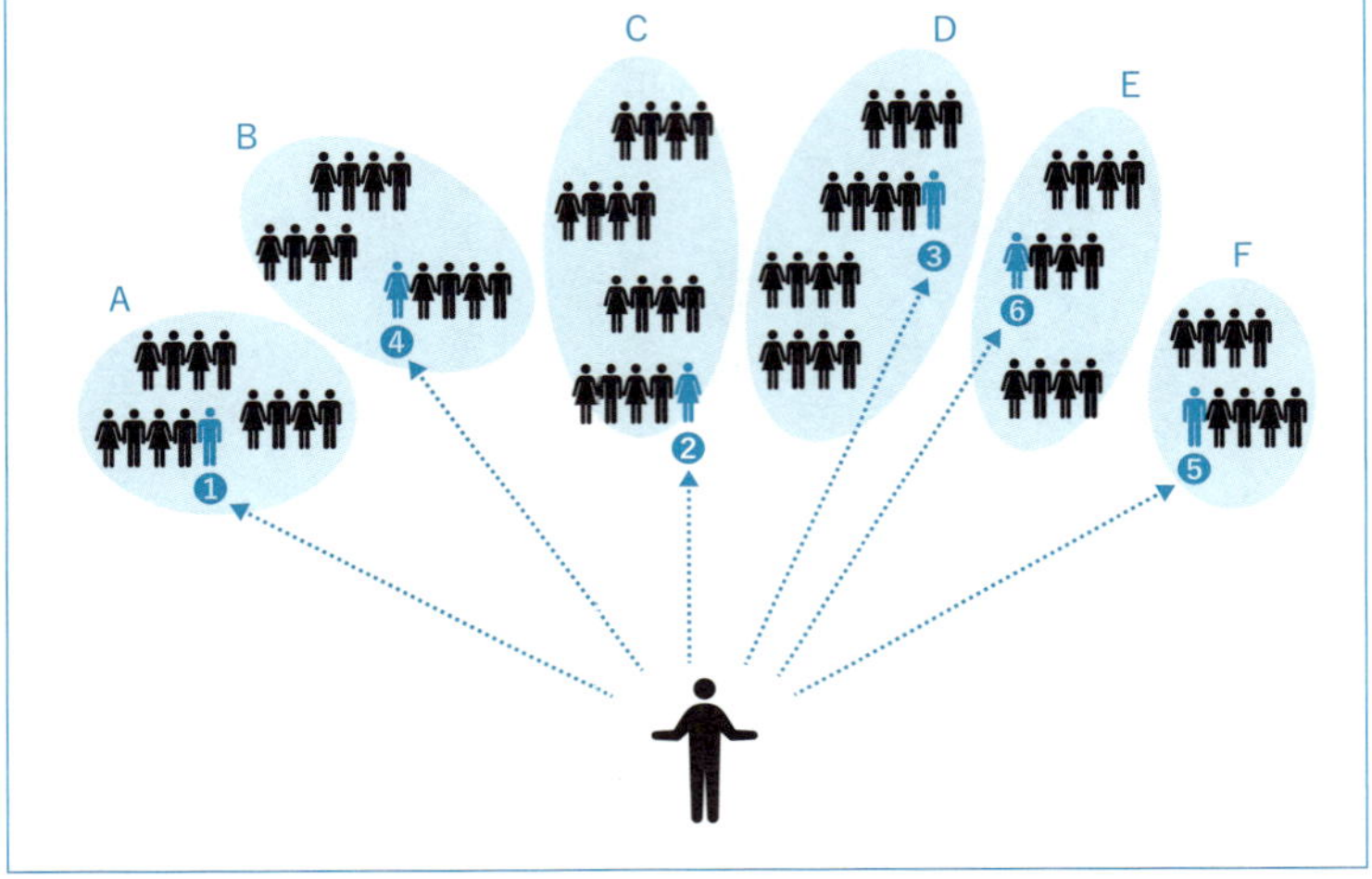

図1-2 アイコンタクトの方程式

会った瞬間	0秒
1回につき	3秒
話すときは	50%
聞くときは	70%
リモートでは	100%

らも「め」はありますが……)。

「人と目線を交わすのがどうしても苦手」という人は、**相手の両目の間、眉の間など、目になるべく近い箇所を見る**ようにしてください。

アイコンタクトの方程式は「0–3–50–70–100」と覚えましょう（図1–2）。

- **相手と会った瞬間（0秒目）、話しはじめる前に、まず目を合わせる**
- **1回のアイコンタクトは3秒ぐらい**
- **自分が話しているときは50%の時間、相手の目を見る**
- **話を聞くときは70%の時間、相手の目を見る**
- **リモート会議では、話す間は100%、目線を合わせる**

2023年に、海外のTikTokで大いにバズったのが**「トライアングルメソッド」**と言われるアイコンタクトの手法でした。

「相手の片方の目→口→もう片方の目」という順に見つめることで、「相手を自分に夢中にさせる」というものでしたが、これに科学的根拠はありません。

ただ、アイコンタクトを戦略的に使うことで、相手の心をつかみやすくなることは間違いないでしょう。

お辞儀で「ありがとう」はおすすめしない理由

人と人が気持ちを通わせるうえで、これだけ重要なアイコンタクトですから、**間違ったやり方では、いっきに印象を下げてしまうので注意が必要**です。

アイコンタクトのNG例としては、こんなものがあります。

- まったく目線を合わせない
- 相手を凝視する
- せわしなく、不自然に急いで目をそらす
- ずっと下を向く
- 目線を上に向ける

目をそらすときはゆっくりと、相手の顔のほかのパーツなどに目をやりましょう。

最後の「目線を上に向ける」というしぐさですが、これは、**「えっと〜」と考えながら、上を見るあの動作**のことです。

じつはこのしぐさをする人は少なくなく、とくに若い女性に多い印象です。

何かを答えるときに、頭の中にある答えを探ろうとして、つい、上を見てしまうらしいのですが、「しっかりとした答えがない」「自信がない」「不安そう」に見えてしまうというデメリットがあります。

気づかないうちにクセになっている人もいるので、注意してみましょう。


そして、もうひとつ。

これはNGではないのですが、私は個人的にあまりおすすめしていないふるまいがあります。それが、日本人の99％が無意識にしている**「お辞儀をしながら『ありがとう』を言う」**ことです。

お辞儀をしている間は、アイコンタクトができません。

本当に大切なメッセージを伝える場面では、やはり、「目と目を合わせる」ほうが気持ちは断然、伝わります。

だから、**「ありがとう」と伝える場面では、相手の目をしっかりと見て、目でも気持ちを伝える。**

お辞儀は、そのあとでもいいのです。

COLUMN

中田敦彦さんに学ぶ リモートでの話し方

コロナ禍をきっかけに、リモートワークが普及し、打ち合わせや商談などの多くがオンライン会議に移行しました。

対面に比べて、利便性が高いというメリットがある一方で、感情の共有が難しく、距離感を縮めづらいため、信用を醸成しにくいというデメリットがあります。

そもそも、対面では、表情や体の動きからたくさんの情報を伝えることができますが、オンラインではそうはいきません。

ですから、やはり**動画をオンにして、きっちり顔や表情を相手に見せる**こ

とが大切です。

できたら、顔のドアップではなく、**胸から上が映るようにし、手の動きも見せられるようにするとベター。**

対面のときより、20％エネルギーを上げて、声に張りを持たせましょう。

そして、**何より大事なのは、目線を合わせる**ことです。

画面上に映る相手の目を見ると、目線がズレてしまうので、カメラを見るようにしてください。そのズレが気になるという人は、お笑い芸人の中田敦彦さんのテクニックを真似してみましょう。

スクリーンに映る相手の目の位置にカメラを置くのです。

中田さんは大きなスクリーンにファンの方々を映し出し、その前に三脚を立てて、そこに置いたカメラに向かって話すというスタイルをとっています。これなら、カメラに向かって話しながら、相手と目線を合わせることができます。

上から、右から、下から、左から、とさまざまな角度で映る人がいますが、顔の向きはしっかり正面で。

まるで対面で話しているように、自然にアイコンタクトができる環境を心がけてみてください。

そうそう、もうひとつ。

表情がよく見えるよう、リングライトを使うのもおすすめですよ。

「口」ではなく、「目」で笑え。脱「にやけ顔」！「本物の笑顔」にグレードアップする方法

アイコンタクトと並ぶ、「人前での話し方」のもうひとつの武器は**「笑顔」**です。

じつは、**アイコンタクトのみならず、笑顔も「目」が決め手**であることをみなさんはご存じでしょうか。

感情は伝染します。

怒っている人を見れば、怒りの気分が芽生えるように、笑顔の人を見ると、嬉しい気分になります。

図1-3 笑顔の驚異的伝染効果

この2枚の写真を見てください（図1‐3）。私の友人のワンちゃん、マルくんです。

右の①も十分かわいいけれど、左の②であなたもつい「にっこり」「ほっこり」としませんか？

これが**笑顔の伝染効果**です。

笑顔は周囲の人との仲間・連帯意識を高め、絆を生み出します。円滑な人間関係には、笑顔が欠かせません。

笑顔は、本人の心身面にも数々のポジティブな効果を及ぼすことが科学的研究から明らかになっています。

笑顔になると、「ドーパミン」「エンドルフィン」「セロトニン」の3つのホルモンが分泌され、気分がよくなり、幸福感を覚えます。

「1回の笑顔が、2000個のチョコレートと同じレベルの脳への刺激を生み出す」といった説まであるほど。

ストレスを軽減し、病気にかかりにくくなり、長生き効果まであると言われています。

とはいえ、とくに中高年の男性は「笑顔＝にやけている」という意識があるのか、「ムッツリ顔がデフォルト」「笑顔は苦手」という人が少なくありません。

不機嫌で無愛想な表情は、周囲の人を萎縮させ、場の雰囲気を壊します。ぜひ、「あなたの話を聞きたい」「あなたと一緒に働きたい」と思わせるような「キラースマイル」を身につけたいものです。

「にやけ顔」とは、辞書によれば「口元」が緩んだ笑顔。

これを「本物の笑顔」にグレードアップするには、口で笑うのではなく、目で笑うのです。

19世紀のフランスの神経・解剖学者デュシェンヌはさまざまな表情筋を電流で刺激して感情表現を研究した結果、**「本物の笑顔は目元の眼輪筋《がんりんきん》が収縮したときに出る」という結論**を導き出しました。

口まわりの大頬骨筋《だいきょうこつきん》は意志によって動かすことができる、つまり、偽物の笑顔がつくれるが、眼輪筋はコントロールできないから、だそうです。

頬が上がり、目尻が下がったやわらかい表情。先ほどのワンちゃんでいえば、②の写真ですね。

目がまるでカマボコのような曲線を描いた笑福亭鶴瓶さんの笑顔。思い浮かべただけでなんだか、ほっこりした気分になりますよね。

世知辛い世の中ですが、みなさん一人ひとりの笑顔が、まわりの人の心に小さな灯りをともし、励みとなり、勇気となるのです。

第2章

あっという間に堂々と。「秒」で魅力を高めるジェスチャーの完全ノウハウ

続いて、**ボディランゲージの決め手となる「ジェスチャー」の必勝テクニック**の数々を紹介します。

かつては、演台の後ろで淡々と棒読みするスタイルが一般的で、ジェスチャーを意識することなどなかったという人も多いかもしれません。

しかし、最近はスティーブ・ジョブズ流の動き回るプレゼンが普及し、**人前での話し方の「ふるまいの常識」**が大きく変わっています。

この「ジェスチャー」についても、科学にもとづく「正解」がきっちりあるのですが、多くの日本人は自己流でやり過ごし、「何をどうしていいのやら」と途方に暮れていきます。

この章では、そうした「ジェスチャー難民」状態から脱するための**「ふるまい」の完全ノウハウ**をいっきに紹介していきます。

「パフォーマー型プレゼン」がデフォルトの時代

プレゼンやスピーチなど、人前で話すときは、

❶演台の後ろで話す「インフォーマー型」

❷演台はなく、自由に動ける状態で話す「パフォーマー型」

という2つのスタイルがありますが、最近は欧米で主流となっている❷のいわゆるスティーブ・ジョブズ流プレゼンが増えています。

体全体が聴衆の視線にさらされることになり、インフォーマー型よりはるかに難度は上がりますが、よりダイナミックにリーダーシップを示せることもあり、大きな展示会や発表会では❷のスタイルが一般的になっています。

たとえば、自動車会社などがこぞって出展するモビリティショー。

日本の伝統的大企業が顔をそろえるこうした展示会では、かつてインフォーマー型のプレゼンがほとんどでした。

しかし、２０１１年、トヨタ自動車の豊田章男社長（現会長）が**「動き回るプレゼン」**を始めてから日本でも広がりを見せ、**いまや大多数がアクティブな「パフォーマー型」**に変わってきています。

ジェスチャーの驚異的メリットとは

こうしたスタイルで、とくにカギとなるのが**ジェスチャー**です。

ジェスチャーには、次のような効用があります。

- **脳の動きが活発になる**
- **声が出しやすくなる**
- **ジェスチャーが入ると、6割増しで伝わりやすくなる**
- **覚えられやすい**

つまり、格段に話がわかりやすく、相手に伝わりやすくなるということ。

飽きやすい現代人の注意を引くために、**ただ情報を伝えるだけの「伝達」スタイル**から、**体全体を使って演じ、聞き手の興味を引く「伝道」スタイルへの変革**が、いま求められているのです。

ぎこちなく、まったくジェスチャーがない棒立ち状態では、見ている側がいたたまれなくなってしまいます。

学術研究によると、ジェスチャーには大きく分けると**4つの種類**があるそうです。

❶形や大きさを示すもの
❷否定や期間など抽象的な概念を表すもの
❸指差し
❹ジェスチャーそのものに意味はなく、言葉を強調するためのもの

「この言葉には必ずこのジェスチャー」などといった決まった作法があるわけではないのですが、**基本の型を知ったうえで、自分が心地よいスタイル**を見つけていきましょう。

ジェスチャーの決め手は「手」にあり

ジェスチャーなど、体をどう動かすのかについて、日本ではまだしっかりとした知見が広まっておらず、自己流でやっている人も多いようですが、**自然で堂々としたふるまいの決め手は、じつは「手」**。

では、ここでボディランゲージの科学にもとづく「お手本スタイル」を紹介し、その「手の内」を明かしていきましょう。

たとえば、

❶小さい
❷大きい
❸こちら
❹あちら

など、ジェスチャーの主役は「手」です。

「手」は、サブリミナルにその動きだけで多くのメッセージを発信しています。

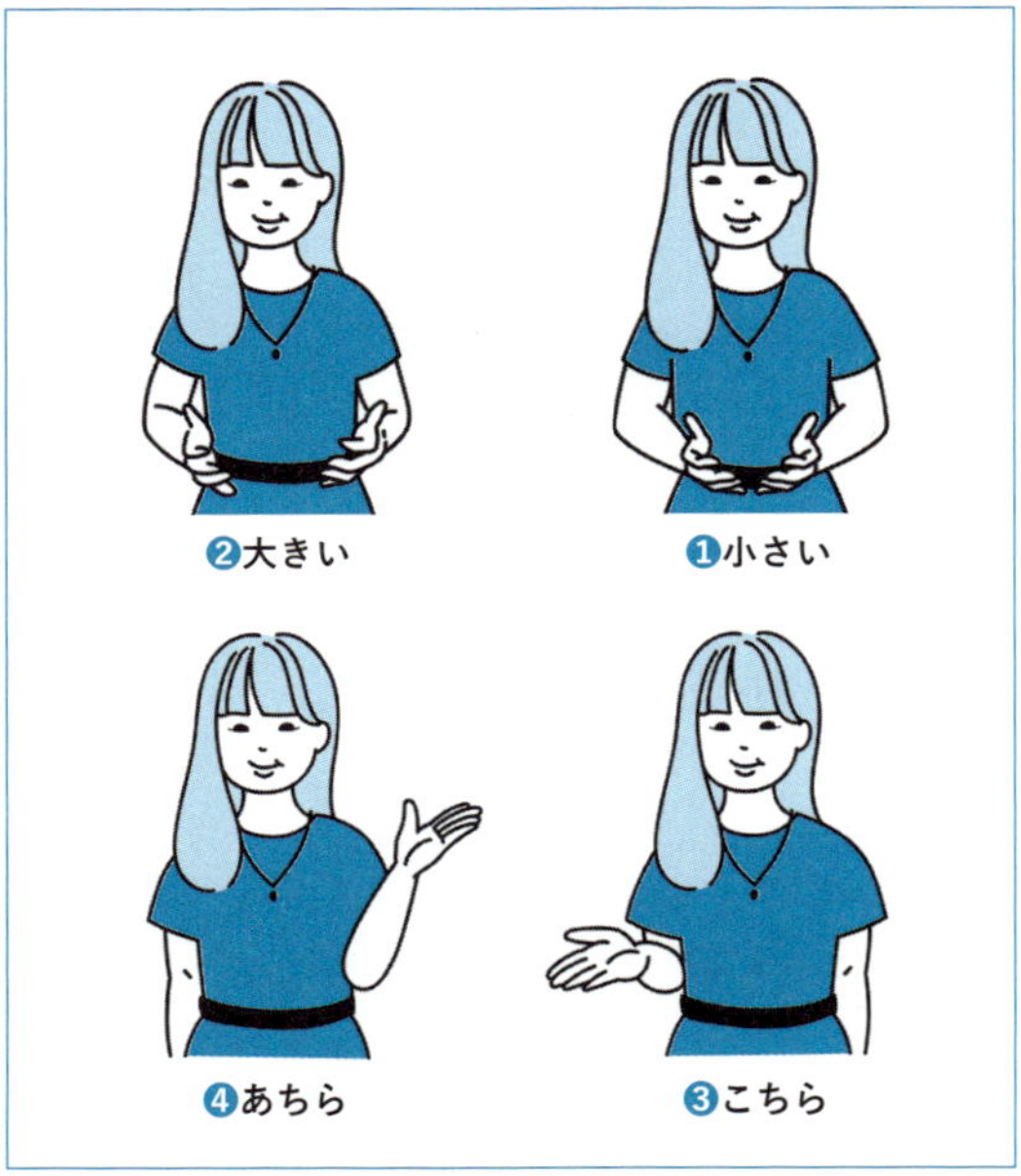

たとえば、

❶指を差す
❷手のひらを下にして差し出す
❸手のひらを上にして差し出す

この3つのジェスチャーを見せられたとき、多くの人は❸に一番安心感を覚えます。

❶「指差し」スタイル

あなたを「射貫く」「追い詰める」というメッセージ

❷「手のひらを下にして、押さえつける」スタイル

「私がこの場を収める」「私があなたを支配する」というメッセージ

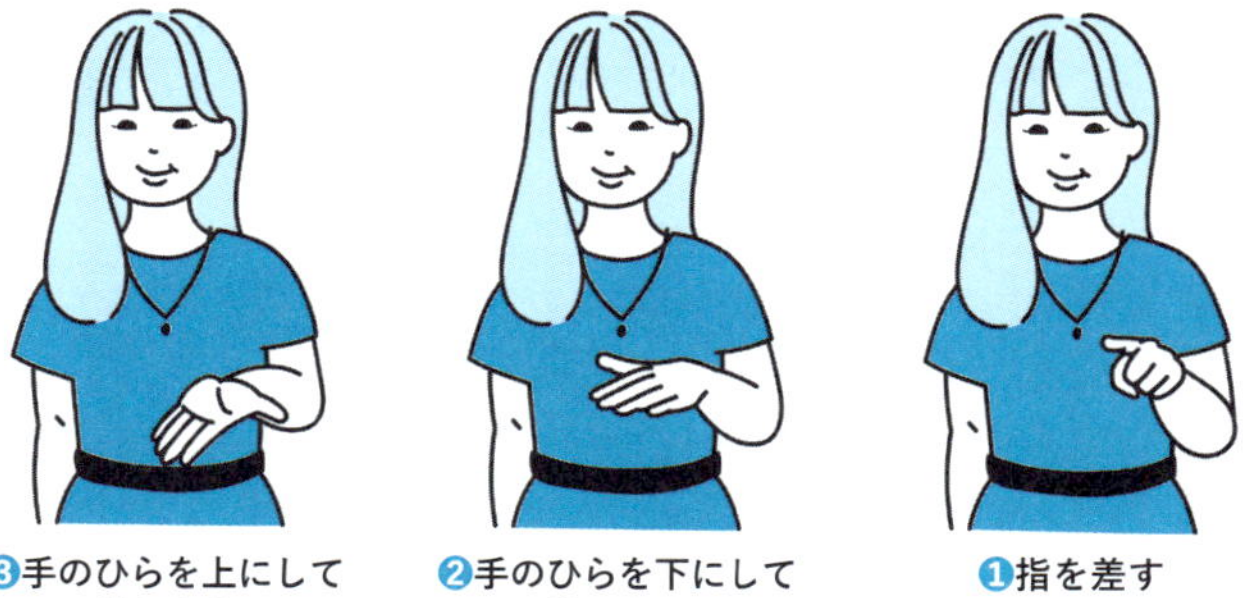

❶指を差す　❷手のひらを下にして差し出す　❸手のひらを上にして差し出す

❸「手のひらを見せる」スタイル

「私は手に武器を持っていません」「あなたに心を開いています」というメッセージがそれぞれ込められているのです。

欧米で、会った瞬間に握手をするのは、手を開いて見せ、「私は安心できますよ」とアピールする意味があります。

また、人前で話すとき、聴衆に向かって、手のひらを見せて前に出し、「みなさん、こんにちは」などと話しかけると、いっきに「ラポール」（共感）の輪が広がりやすくなります。

ジェスチャーは無理やり入れるものではありません。

自然なジェスチャーの条件は、次の2つです。

❶「伝えたい」という思いを高め、エネルギーを上げて話す

②伝えたい言葉の意味を理解し、ジェスチャーで表現しようとする

エネルギーや言霊《ことだま》が手に宿り、自然に動く状態が理想的です。

手の基本位置はどこか？ 股間の上は要注意

多くの人が戸惑うのは、**立ったときの「手」の置き場所**です。

日本人の定番が、股間の前で手を組むポーズ。

写真を撮られるとき、人前に立ったとき、お辞儀をするとき、この格好をしている人は大勢います。

じつはこの姿勢、海外では**「イチジクの葉のポーズ」**と言われ、リーダーシップを印象づけたい人は注意が必要です（図2-1）。

旧約聖書で、アダムとイブがイチジクの葉で大切な部分を隠し、嘆きながら楽園を出ていった、というエピソードから名づけられたポーズですが、「大切な部分を隠す＝自信がない」と見えてしまうと考えられているのです。

図2-1　イチジクの葉のポーズは要注意〜手は股間の上で組まず、おへそ近くで

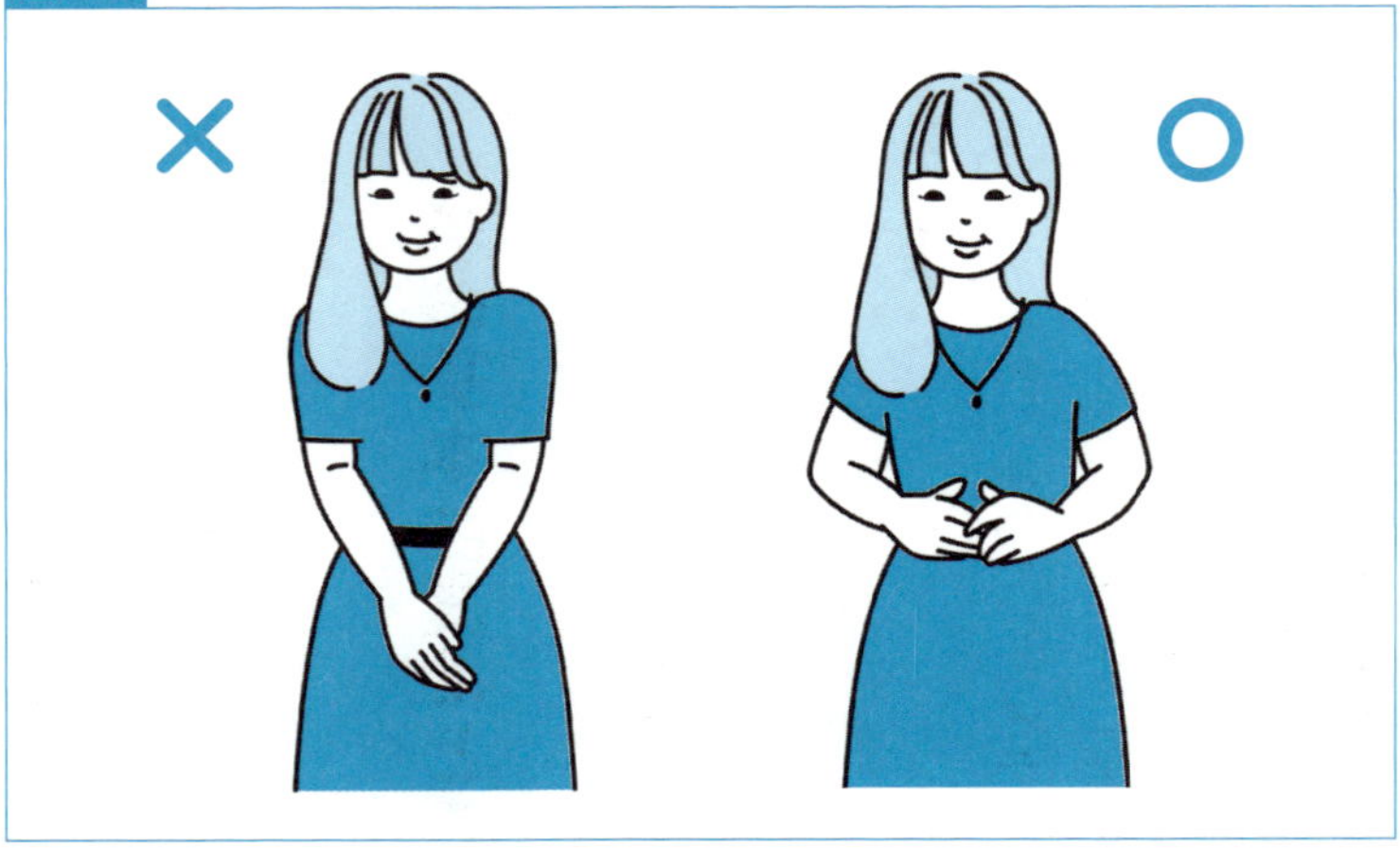

このポーズだと、肩がすぼまり、自分を小さく見せてしまうデメリットがあります。

ですから、立って話すときの手の基本位置は、**「おへそ近くで、両手を軽く組む姿勢」**をおすすめします。

この姿勢であれば、次のジェスチャーをするのに、手をわざわざ体側や股間から引き上げる必要がありません（図2-1）。

もうひとつの基本位置は**「バスケットボールやバレーボールのようなボールを両手で持つ」ようなポーズ**。

先ほどの「小さい」「大きい」のジェスチャーですね。

両手の幅を小さくしたり、大きく広げたりするジェスチャーを入れていくのが、オーソドックスなスタイルです。

逆に、NGなハンドジェスチャーは、

- 人を指差す
- もみ手
- 片方の手でもう一方の手首を持つ
- 手を体の後ろで組む
- 手をポケットに入れたまま
- 手を演台に置きっぱなし
- 手で髪の毛や首などを触る

など。

不安になると、人は何かを触っていたくなるもの。

だから、手首や髪の毛、首など体の一部に手をやってしまうことがあります。

気をつけましょう。

知らなかった？ マイクの持ち方新常識

マイクの持ち方にも「コツ」があります。

よくやりがちな**両手でマイクを持つ「女性アイドル握り」**。

肩がすぼまり、緊張しているように見えることがあるので、「ずっと両手で握りつづける」持ち方はあまりおすすめしません。

おすすめは**「利き手でない手でしっかりと握り、もう一方の手で適度にジェスチャーを入れる」スタイル**。

また、マイクの柄の下のほうを持つと、マイクが揺れやすく、上のほうを持つと、手が口まわりを隠してしまいます。

ですから、**「柄の真ん中あたりをしっかりと持つ」**

が正解。

マイクの角度にも注意が必要です。

マイクを床と平行にした「ロック歌手握り」は口が隠れてしまうのでNG。

口から2〜3センチ離し、床と45〜80度の角度で持ちましょう。

COLUMN

「腕を組む」はあり？ なし？

最近、メディアやホームページなどで、腕組みをして写真に写る企業幹部をよく見かけます。

はたして、あのポーズはOKでしょうか？ NGでしょうか？

私も普段、よく腕組みをします。

理由は、温かく感じるなど、安心感や心地よさがあるから。

研究によると、人は、深く考えているときや困難な課題に取り組んでいる

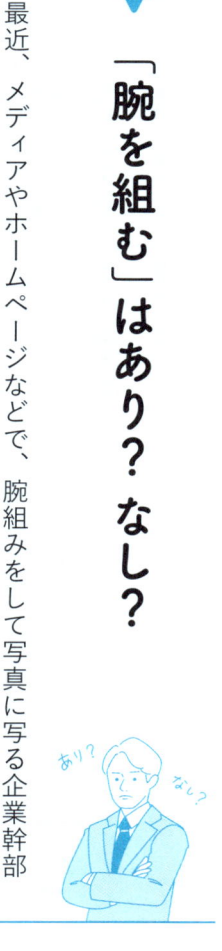

ときに腕組みをしやすく、集中力がアップする効果もあるそうです。

元FBIのエージェントで、ボディランゲージの専門家であるジョー・ナヴァロは「自分を抱きしめるセルフハグのようなもので、安心感があるポーズ」だと分析しています。

ただ、**「腕を組む」ポーズは、人前で、不安、緊張、恐怖を感じているときに出やすい**とも言われます。

ポートレートなどでは、「自分を強く見せられる」「自信ありげに見える」と好まれるポーズですが、自分をガードしている、人を寄せつけないイメージを与えやすいという解釈もあるのです。

「傲慢《ごうまん》に見える」として、絶対に腕を組んで写真に写らない、というポリシーを持つ社長もいるほど。

腕組みと合わせる表情によっても、全体の印象は変わってきます。

相手にどんな印象を与えたいのかを考え、自分に似合うポーズを見つけてみましょう。

肩を広げ、鳥居のように立つ

立って話す場合、**立ち方や姿勢も、印象を大きく左右**します。

ポーカーのチャンピオンだったという、ニューヨークのボディランゲージスクールの校長が口を酸っぱくして、私に教えてくれたのは、**「とにかく自分を大きく見せろ」**ということでした。

「大きなジェスチャーで、できるだけ大きなスペースを占拠することで、自分の存在感をアピールしろ」と言うのです。

クリントン189センチ、オバマ187センチ、トランプ191センチ、バイデン183センチ。

歴代の米大統領は総じて、背が高い。アメリカではサイズは力なのです。

翻って、謙虚さを貴ぶ日本では、先ほどの「イチジクの葉のポーズ」のように、自分を小さく見せるしぐさがデフォルトになっている傾向があります。

アメリカ人ほど、大げさに手を広げる必要はありませんが、**堂々と自信を持って見せるためには、立ち方や姿勢を意識**する必要があります。

❶猫背にならず、背筋を伸ばして肩を広げる
❷頭の上に乗せた冠を落とさないようにイメージして、まっすぐ堂々と立つ
❸足と足は、肩より少し狭いぐらいの幅で開く
❹どちらかの足に重心がかからないように、鳥居をイメージしてスクッと立つ
❺歩き回りすぎると落ち着きがないように見えるので、話すときには立ち止まる

この5つを心がけてみましょう。

COLUMN

印象の2大軸とは？

人の印象には「Competence」と「Likability」という2大軸があります。前者は有能度、後者は好感度や共感力、ざっくり言えば、IQとEQ、と言い換えられます。

図2-2 リーダーシップを測る2大座標軸

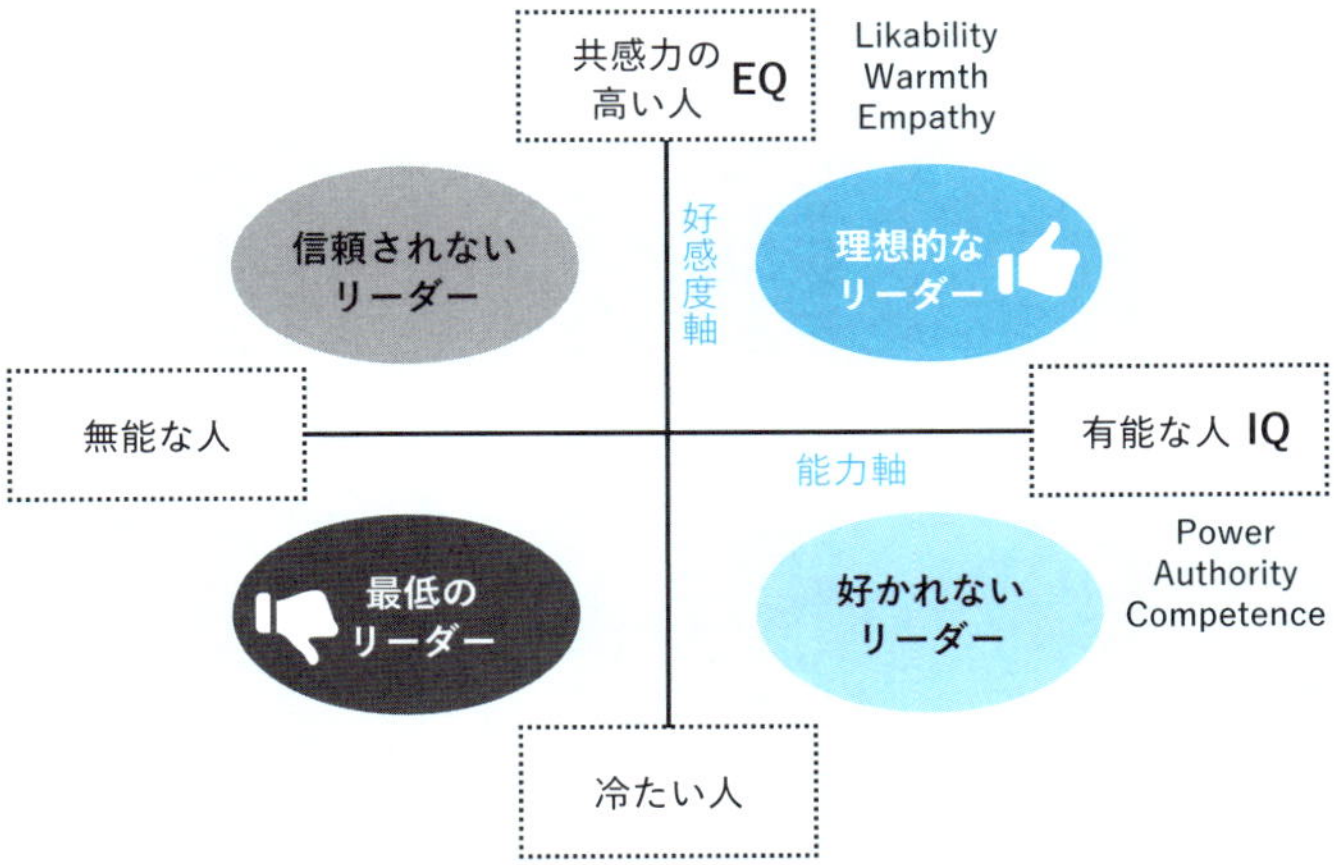

この両方を高い水準で持ち合わせていることが理想的なリーダーの条件。

「有能な人」であり、「共感力（好感度）の高い人」が最高で、「無能」なうえに「冷たい人」が最低というわけです（図2-2）。

両方をバランスよく持ち合わせるのが最高なわけですが、残念ながら、人はどちらかの軸に偏りがちです。

では、「有能度」と「共感力・好感度」、どちらがより大切なのでしょうか。

かつては、リーダーとは

「有能・できる人であって、好感度など必要ない」という認識が強かったように思います。

私は取材やコーチング・研修を通じて1000人以上の企業リーダーとお会いしてきましたが、**ひと昔前は、無愛想で、威圧感がある、いかにも「できる」ふうな人が多い印象**でした。

しかし、**近年求められるリーダー像は、「強権型」「教官型」から「共感型」へと大きくシフト**。

「意地悪そう」「冷たそう」「怖そう」など、共感力の低く見えるリーダーは「〇〇ハラ」などと誤解や批判を招きやすくなっています。

芸能人の世界でも冷笑的な「いじめキャラ」は肩身が狭くなっている印象はないでしょうか。

つまり、**「有能度」と同等、もしくはそれ以上に、「好感度」が求められるようになってきている**ということなのです。

図2-3　「有能度」「好感度」を上げる方法

「有能度」を上げたい場合	「好感度」を上げたい場合
• 顎を少し上げる	• 顎を少し引く
• 時折厳しい表情をする	• 笑顔！
• 腕組み	• 腕組みしない
• 早口	• 時折ゆっくり話す
• 大きめのジェスチャー	• 手のひらを見せるジェスチャー
• 座るときは椅子の背に背中をつける	• 座るときは前のめり
• 足を組む	• 足を組まない

ボディランゲージで印象をコントロールする

現代社会においては、「私はできるぞ」と偉そうに、上意下達で命令する「鬼監督タイプ」より、親しみやすさや人としての温かみを前面に出し、対話やチームワークを重んじる「コーチタイプ」のほうが支持されやすくなっています。

実際、最近、私が話し方を指導する新社長も後者のタイプが主流になってきています。**「仕事ができればそれでOK」という時代ではない**ことをよく肝に銘じておく必要があります。

大切なのは、自分に足りないのが「有能度」なのか「好感度」なのかを知っておくこと。

図2-3のようにボディランゲージを工夫することで、「できない人」は「有能度」を、「冷たい

人」は「好感度」を上げ、リーダーシップを強化することができます。

IQとEQ、両方のバランスがとれた「理想のリーダー」を目指していきましょう。

面接や会議を制する座位のボディランゲージのコツ

面接や会議など、座って話す場合のボディランゲージはどうでしょうか？

まず、立って話すときと同様、第一印象は大切です。

人は一瞬の印象で、あなたを判断してしまい、やり直しは利きません。

ある研究によると、とくに**就活の面接で大切なのが「アイコンタクト」と「笑顔」**だそうです。

「この人と働きたい！」と瞬時に思わせる**一流の「目の配り方」と「目まわりの笑顔」**。これが「好感度」の決め手です。

背筋を伸ばし、椅子の背にもたれかからず、やや前傾姿勢で「あなたの話をしっかり聞いています」というメッセージを身体で伝えましょう。

一方で、会議などで、「有能度」を上げて見せたいときは、背もたれに背をつける、足を組む、顎を少し上げる、腕組みをする、手で顎を持つ、大きめにハンドジェスチャーを入れる、といったボディランゲージが効果的です。

人の関心は「足先」や「おへそ」に出やすいと唱えるボディランゲージの専門家もいます。しっかりとこの2つを相手に向け、関心を持っていることを身体で表現するのが大切という考え方です。

みなさんの頭のてっぺんから足先まで、すべての体のパーツから、信号やメッセージが出ています。

間違ったシグナルを送らないように気をつけましょう。

ここまで詳しく紹介したボディランゲージの基本、いかがでしたか？

ふるまいを制し、印象を制する。

ちょっとしたしぐさや体の動きで、あなたの魅力はぐんとアップ！

これらのノウハウを活かせば、「秒」で、プレゼンス・リーダーシップを高めることができます。

ぜひトライしてみてくださいね。

第3章

緊張ゼロで、自信を持って話す方法

この世の中には「恥ずかしがり屋」と「恥知らず」しかいない

「人前で話すとき、緊張する」という人は少なくないでしょう。

最初から堂々と話せる人など、そうそういません。

あのスティーブ・ジョブズでさえ、最初のテレビインタビュー前には緊張と不安で「いまにも吐きそうだ」と青息吐息でした。

私も、アメリカでコミュニケーション修業をするほんの10年前までは、ひざがガクガク、冷や汗ダラダラ。演台の後ろから一歩も出ず、用意したスライドを読み上げるだけという状態でした。

しかし、いまでは1000人を前にしても、テレビの生放送でも、緊張することはほぼありません。

ここに至るまで、**ありとあらゆる「緊張をほぐす方法」**を学び、自分を実験台にして試してきましたが、**とくに効き目があった「5つの方法」**を紹介しましょう。

アメリカの有名な作家、マーク・トウェインはこう言っています。

「話し手には2つのタイプがいる。神経質な人か嘘つきな人だ」

人の目や意見が気になって、言いたいことが言えない**「恥ずかしがり屋」**と、人からどう思われようと気にならず、物おじせずに言いたいことが言える**「恥知らず」**。

実力はなくても、自己愛が強く、自信家で、自己アピールがうまい後者のタイプが、出世しやすく、成功しやすい。

日本の政界などには、こんな人がはびこっています。

つまり、**「自信＞実力」の人が得をしやすく、「実力＞自信」の人は損をしやすい**。

とくに、「注目＝価値＝カネ」である昨今のSNS社会では、**拡声器を持って自己アピールに余念がない「ナルシスト」や「サイコパス」が跋扈《ばっこ》**し、「おてんとうさまが見てくれている」「謙虚が美徳」などと言う人が日の目を見ることはありません。

ただ自己PRがうまいだけの人ばかりが表に出るのではなく、**謙虚で、人見知り、でも、真の実力のある人たちが、ちょっぴり図々しくなって、声を上げることができたら、日本にももっとまともなリーダーが増えるのではないか**と思うのです。

では、「恥ずかしがり屋村」の住人は、どうすれば胆力をつけることができるでしょうか？

汗と恥を死ぬほどかいたら、「恥不感症」になる

体験エピソード

ニューヨークでコミュ力修業を始めた私は、毎日、ワークショップや授業に通いました。

ボイストレーニング、人見知り研究所、ストーリーのつくり方、即興で話す方法、アクティング、ボディランゲージなど、じつに多種多様な学びの場がそこにはありました。

人前に出て、演技したり、スピーチをしたり……。

最初のうちは「間違ったらどうしよう」「みんなが見ている、失敗したくない」と、恥ずかしくてたまりませんでした。

しかし、1か月ぐらい経ったころでしょうか。

ブロードウェイのアクターズスタジオで、「娼婦役」のお稽古をしていた私は「あること」に気づきました。

それまで、脳みそを占拠していた「恥ずかしい」という気持ちがすっぽり

と抜けていたのです。

アメリカでは、こうした教室でも、「答え」を与えられることはほとんどありません。

「汗と恥をかいて実践を重ねる」ことで、自ら最適解を見出すのです。

たったひとつの正解などないので、「間違っているのでは」などと思う必要もない。「恥」をかけばかくほど、面の皮は、どんどん分厚くなっていきます。

よくほめられるので、やる気も出てくる。

気づけば、「恥不感症」になっていたのでした。

一方で、日本の教育は、先生が一方的に話し、正解を与え、それを、生徒が聞き、暗記して、答える仕組みが一般的。

結果的に、日本人は、学校教育の場で、「恥」をかく場があまりありません。

日本人独特の「間違い恐怖症」もあいまって、自分の殻を破る機会がほとんどないのです。

緊張せず堂々と話す方法❶

人前で話す力は恥の場数と慣れで決まる

人々が恐怖を克服するための心理的治療法として、**「暴露（exposure）セラピー」**というものがあります。

人は恐怖の対象となる活動や状況を避ける傾向があり、そのときはよくても長期的には恐怖心をさらに増幅させてしまいます。

だから、あえて安全な環境で、その人が回避してきたものに自分をさらす状況をつくり、恐怖を軽減させるという手法です。

体験エピソード

結局、コミュ力は**「恥の場数」**と**「慣れ」**で決まり、**安全な環境で、「小さな恐怖心」に向き合いながら、実践を重ねることで、「大きな恐怖」を乗り越える**ことができるようになります。

このことに気づいた私は、誰でもすぐに実践できる「コミュ力改善メソッド」を開発、日本に帰って、その〝布教〟を始めました。

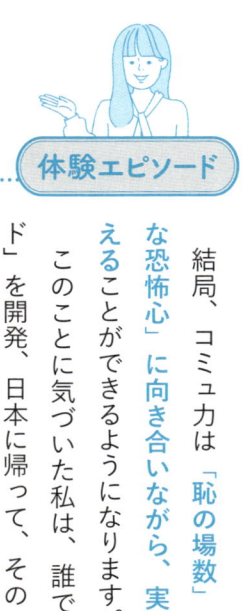

対象者は企業経営者や幹部。

家庭教師として1対1、時に1対多数で、彼らのブレークスルーを導き出してきました。

2022年には「世界最高の話し方の学校」を立ち上げ、若手の次世代リーダーの育成にも携わっています。

1期20人がチームとなり、3か月をかけて、会話力から説得力までを鍛え上げるプログラムで、おかげさまで、毎回満員、これまで8期160人の方にご参加いただきました。

みなさん、口をそろえておっしゃるのが、**「話すのが楽しくなった」「自信がついた」「人生が変わった」**ということ。

このメソッドの最大の特徴は、参加者一人ひとりが、**ひたすらに人前に出て「恥をかく」経験をすることで、「これまでの自分」から脱皮すること**にあります。

そのために、「この場なら、恥をかいても大丈夫」と思えるよう、メンバーの結束力を高め、心理的安全性を徹底的に高める工夫をしています。

最初は心臓が飛び出るぐらいにドキドキ。

でも、私がニューヨークで通ったアクティングスクールの先生いわく「**何度も練習することで、セリフや動きが、筋肉に埋め込まれる**」。場数を重ね、何回も自分をさらすうちに、最後には、不思議と恥を感じない状態になるのです。

コミュ力とは、まるで自転車に乗るときのように、身体に覚え込ませる「筋肉メモリー」のようなもの。

よく、私は自分の研修や学校をコミュニケーションの「〇〇ザップ」と形容しますが、**コミュ力はまさに筋肉のように鍛えることができる**ということです。

ただ、自己流にやってしまうと、間違った場所に筋肉がついてしまうので、**「正しい方法」で練習することが肝心**です。

プレゼン資料を10時間かけてつくったけれど、練習時間はゼロ、などもってのほか。「準備と本番の最適な比率は、1分間のプレゼンに対して1時間の練習」という説もあるほどです。

> 行動は自信と勇気を生む。恐怖に打ち勝ちたいのなら、家でじっと考えていてはいけない。外に出て、忙しくしろ。

コミュニケーション教育の神様、デール・カーネギーの言葉どおり、**堂々と話すための第一歩は「打席に立ちつづける」**ことです。

ベンチや観客席に座りっぱなしで、ただ見ているだけ、ヤジを飛ばしているだけでは、絶対に上達しません。

緊張をほぐすひとつめのコツは「**とにかく場数を踏む**」。

これに尽きます。

COLUMN

日本の聴衆は世界一、冷たい？

「日本人の話す力が低いのは、じつは日本人の聞く力、オーディエンス力が

極端に低いからではないか」

そう思うことがよくあります。

私は講演や研修で全国を回りますが、

「私が見ている景色は静止画ですか〜?」

『にらめっこ』でも『だるまさんが転んだ』でもないですよ〜」

と言いたくなるぐらい、反応が薄い人が少なくありません。

あとから「面白かったです」などと言ってくださるのですが、「だったら、もう少し、聞いているときに反応してよ〜!」と思ってしまいます。

トラウマになるほどの「氷点下リアクション」を経験した私は、奮起して、お笑い芸人のライブに通い、ウケる話術を研究しました。

最近は、かなり笑っていただけるようになりましたが、それでもまだまだ、がまん大会のように、むっつり、だんまりの人が大半。

みなさんも、冷ややかなオーディエンスに、半端ない「アウェー感」を覚えたことはないでしょうか。

こうした状況では、話し手として、安心して場数を踏むことができませんよね。

アメリカなどで話をすると、目を輝かせて、前のめりに話を聞いてくれる人が多いように感じます。

「聴衆としての応援力」「オーディエンス力」が日本に比べて圧倒的に高い。

そうした中であれば、話し手も少し間違っても挑戦してみよう！という気にもなるわけです。

だから、私は、聴衆にこう呼びかけています。

「みなさん、ぜひ、『奉仕《ほうし》』の精神を持ってくださいね。『ほ』はほほえむ、『う』はうなずく、『し』は質問する、ですよ～」と。

話す力と同様に、オーディエンスとして、話し手を育てる「聴く力」も鍛えていきましょう。

緊張せず堂々と話す方法❷

ドッジボールからキャッチボールへ

そもそも、なぜ、人前で話すときに、人は緊張するのでしょうか？

それは人としての本能が発動するから。

大勢の知らない人を目の前にしたとき、人は敵に囲まれているのと同じ感覚を覚え、脳から「危険信号」が発せられます。恐怖スイッチがオンになり、「逃げなきゃ！」という気持ちに駆られるのです。

「人前で緊張する」とは、舞台上で、まぶしいスポットライトを浴び、たくさんの観客から獲物を狙うように見つめられ、萎縮している状態。ドッジボールのコートの中で、四方八方から視線というボールをぶつけられているようなものです。

「自分の外見や行動が他者から過剰に注目されている」と思い込んでしまう現象を「スポットライト効果」と呼びますが、**「自分は視線を向けられる・見られる対象」という意識を持ちつづける限り、緊張感は解けません**。

ここで大切なのは、次の2つです。

❶「目の前にいる人たちは、敵ではなく、味方なのだ！」と脳に思い込ませる

まず、目の前にいる人たちは、あなたを取って食おうとしている猛獣でも敵でもなく、味方であり、仲間であることを認識する必要があります。

そのために、ぜひ実践していただきたいのが、**「孤独なピッチャーしゃべり」をやめること**。

ひとりマウンドに立ち、受け止めてくれないボールを投げつづけるピッチャー状態を脱し、聞き手とのキャッチボールを楽しむのです。

質問や問いかけを入れて、相手を巻き込み、「掛け合い」をする。

まるで、普段の会話のように、インタラクティブ（双方向）に進めることで、緊張感も和らぎます。具体的な「掛け合い」の方法は第7章で詳しく説明しています。

❷自分に突き刺さる「視線の矢」「ベクトル」を反転させ、「スポットライト」を相手に向ける

主役はあくまでも話し手ではなく、聞き手です。

あなたに向けられた「スポットライト」、つまり、あなたに突き刺さる「視線の矢」

をグイっと180度反転させ、聴衆に向ける。

あなたは**「見られる存在」から聴衆や相手を「見る存在」になる**のです。

「ステージの上にいるのは、自分ではなく、聴衆」

聴衆一人ひとりにスポットライトを当てるように、意識や注意を向け、話しかけていってください。

そうやって場数を踏むうちに、「自分がどう見えているのか」が気にならなくなってきます。

自分に過度に意識を向ける「セルフフォーカス」はより緊張感を高め、相手や他人にフォーカスすると緊張や不安が解ける。これは医学的にも実証されています。

「ひとりしゃべり」を**「掛け合い」**に。

「独白《モノローグ》」を**「対話《ダイアローグ》」**に。

これが緊張をほぐす2つめのコツです。

緊張せず堂々と話す方法③

イタコになり、着ぐるみをまとう

堂々と話すための3つめのコツ。

それは**「イタコのように憑依《ひょうい》する」**ことです。

みなさん、「イタコ」をご存じでしょうか？

死者の魂を降ろして自分に憑依させ、その言葉を自らの口を通して伝える「口寄せ」を行う女性の霊媒師のことです。

私は、青森県の恐山《おそれざん》まで、実在する「イタコ」に会いに行ったことがあります。

この世とあの世とのはざまにあるような異世界空間で、まさに、死者が、イタコの女性に憑依する様を目撃しました。

「人前で話すのは恥ずかしい」

そんな人におすすめしたいのが、イタコのように**「別人格になりきる」手法**です。

人前で話すときは前述のように「ヤッホー3回」（39ページ）分、テンション、エネルギーを上げて話したいところですが、「素の自分」がやるとなると、相当抵抗を感じますよね。

だから、**まるで、着ぐるみをまとったり、コスプレをしたりするように、「別キャラ」を憑依**させてみましょう。

私はいつも人前で話すときには、**「伝説の家庭教師」というペルソナ（人格）になり替わる「スイッチ」をオン**にして登壇します。

「いつもの自分」と「人前で話す自分」を使い分けることに対し、「演じている」「嘘くさい」「いやらしい」などと思われるのでは、という懸念を持つ人もいるかもしれません。

でも、いつもより、パッションとテンションを上げた「シン・ジブン」は、嘘偽りの自分ではなく、**バージョンアップした自分**。

聴衆を精一杯楽しませ、心を動かすために、**「普段の自分」とは違う、「ベストな自分」を見せる**ことにためらいを覚える必要はありません。

「イタコ」とは言い換えれば、**大切なメッセージを預かった「宣教師」「メッセンジャー」**で、**主役はあくまでも「メッセージ」**です。

気持ちを込めて、声を張り、堂々とふるまい、主役を輝かせてください。

緊張せず堂々と話す方法④

「バクバク」を「ワクワク」に

アメリカの有名コメディアンのジェリー・サインフェルドがこんなジョークを言っています。

人が一番恐れるのは人前で話すことだ。2番目が死。つまり、普通の人にとっては、弔辞を述べるより棺の中にいるほうがいいということだ。

極端なたとえ話ですが、人前に出るときに、動悸や息切れがする、冷や汗が出る、足がすくむ、ひざが震える、声がかすれる、「ドキドキ」という緊張感を覚えるという人は少なくありません。

その感覚はまさに、「敵に襲われる」「危険が迫っている」という恐怖心。

そんなときに、「落ち着いて」「緊張しないで」と自分に言い聞かせるのは、じつは逆効果。自信を持って人前で話す秘訣は、じつは緊張を取り除こうとすることではありません。

緊張というストレスが発生すると、副腎髄質《ふくじんずいしつ》から大量に分泌されるアドレナリンの影響で、汗が止まらなかったり、ドキドキ、バクバクと心臓の鼓動が速くなったりするのです。

アドレナリンは、ストレスに対処できるように体や脳を戦闘モードにする働きもあります。

つまり、不安や緊張した「ナーバス」な状態でも、興奮した「エキサイト」した状態でも、同じアドレナリンが分泌されています。

だから、「恐怖」の「バクバク」を「戦闘心」「興奮」の「ワクワク」に置き換えるのです。

「自分は緊張しているんじゃない、興奮しているんだ!」

そう、脳に言い聞かせてみましょう。

セルフトークを「落ち着いて」「緊張しないで」ではなく、**「I am excited!（ワクワ**

クしている）」「エキサイティング！」「楽しい！」「できる！」など自分を鼓舞する言葉**に置き換える**のです。

「不安を興奮としてとらえ直す『リフレーミング』により、脅威のマインドセットではなく、機会のマインドセットに転換し、パフォーマンスを向上させられる」ことがハーバード大学の研究で明らかになっています。

思わず後ずさりしてしまうような「不安や緊張」を、もっと前に出て「伝えたい！」という「興奮」に変えていく。

緊張のマグマを、人を動かすエネルギーへと昇華する。

これが4つめのコツです。

緊張せず堂々と話す方法⑤
「母グマ」になろう。利他の気持ちが勇気に変わる

女性の場合、声を上げないと無視され、声を上げて要求や発言をすると「図々しい」「気が強い」「出しゃばり」と思われてしまう**「ダブル・バインド」＝二重拘束**を受けや

すいと言われます。

コロンビア・ビジネス・スクールのアダム・ガリンスキー教授は、女性だけではなく、地位が低い、お金がないなど、力がない「ローパワー」の人がこうした「二重拘束」を受けやすいと指摘しています。

この「ローパワー・ダブル・バインド」(low-power double bind) はどのように解消できるでしょうか？

ガリンスキー教授はひとつの方法として、**「ママベア（母グマ）になれ」**と提唱しています。

女性は、男性と比べ、「自分のために」声を上げることをためらう傾向があると言われています。過度な自己アピールには抵抗がある。

そんな人でも、ほかの誰か、たとえば、友人や後輩や家族のためなら、無我夢中で、強く主張できる。そんな経験はないでしょうか。

つまり、**母グマのように、大切な子グマのためなら、声を上げる勇気が出る**のです。

「自分のため」ではなく、「仕事」のため、「ミッション」のため、「後輩」のため、「聴衆」のため。

そういった「利他」の気持ちを持つことで、「自分の宣伝をしている」という罪悪感や羞恥心、そして人前に立つことへの抵抗感が薄れていく。

「私が声を上げるのは、自分以外の○○のため」という意識を強く持つこと。

これが5つめのコツです。

「人の大切な時間を奪う（take）のではなく、大切な時間をプレゼント（give）する」

「聴衆は私の話を聞きたがっているし、聞く必要がある」

そんな確信を抱けるように、話す中身に精一杯磨きをかけ、相手が喜ぶプレゼントに仕上げていきましょう。

緊張を和らげる方法には、ほかにも「深呼吸をする」「自分の名前を呼びかけて励ますセルフトーク」「冷たいお水を飲んで身体を冷やす」……などなど、さまざまありますが、この章で紹介した5つが、実際に私がトライして、圧倒的効果があった「推しコツ」です。

ぜひお試しください！

第4章

人前での話し方は「おみくじのように」で決まり！

ここまでは、「どう話すのか」「デリバリー」の超実践ノウハウを集中的に紹介してきました。

ここからは、いよいよ**「言葉」「コンテンツ」「話の内容」**編に入ります。

「言いたいことがなかなか伝わりません……」

研修や講演の場面で、一番よく聞くお悩みです。

情報は発信しているけれど、話が通じない。相手にわかってもらえない……。

そんなモヤモヤを抱えている人はいませんか？

「話の内容」で最も重要なのは、一番伝えたいことを一言でまとめた**「キーメッセージ」**と、それを筋道立てて伝える**「フレームワーク」**です。

これさえ押さえれば、ロジカルに説得力を持って話すことができます。

その具体的な活用法を紹介しましょう。

聞く人を迷子にする「あみだくじ話法」の罪

「伝わらない人」は、**「言葉過多症」**か**「言葉過少症」**のどちらかである場合が多いものです。

だらだら脈絡なくしゃべりつづけるか、まったくの言葉足らずか。

とくに多いのが**「過多症」**の人たちです。

こんなあいさつ、聞いたことありませんか？

×

> みなさん、「時間を大切に」しましょう。
> 公私とも時間を有効に使い、自分たちの成長を喜びにつなげてください。
> 「人生を豊かで充実したものに」してください。
> 「時間を有効に使うことで、充実した人生を自分の力でつくり出すのだ」という想いを持って今日から一日一日を過ごしてください。
> また、「すべてはお客様のためにある」ということも忘れないでください。
> もう一度原点に立ちかえって、すべての商品・サービス・グループ事業を見直し、新たな会社を構築していきましょう……。

日本の社長の話の特徴は、小学生が聞かされるような抽象的な精神論や退屈なデータ

図4-1　あみだくじ話法

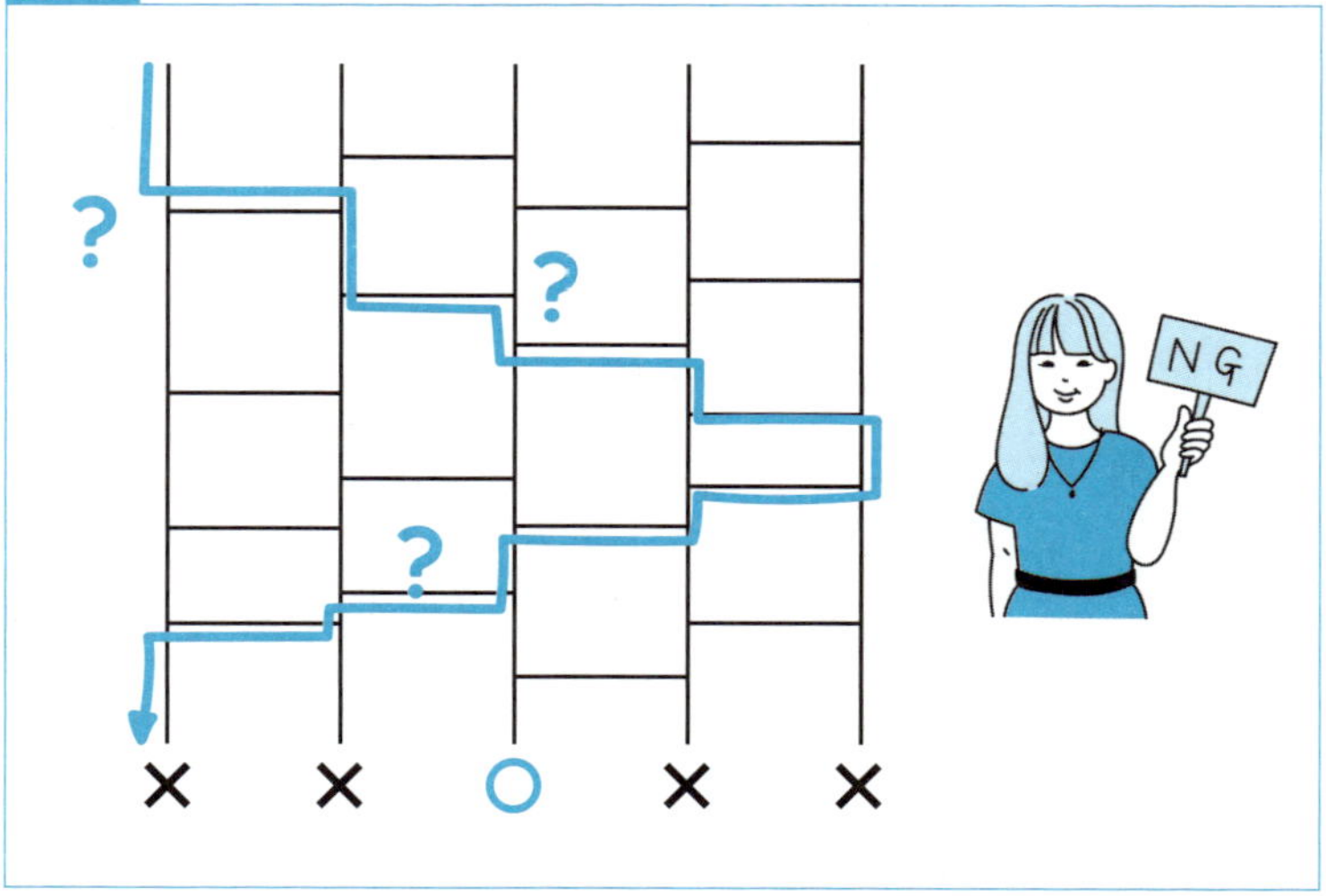

の羅列、上から目線の説教で、ちっとも心に刺さらないところです。

「自分から動く」「自分で考えて」「仕事の基本を身につけろ」……。

「そんなの知っとるわ！」というような**抽象的な標語言葉の千本ノック**。

新幹線のドアの上の電光掲示板のように、左から右へと永遠に流れていく文字の洪水。

だらだらと脈絡なく話しつづける、こうした話し方を私は**「あみだくじ話法」**（図4-1）と呼んでいます。

話の流れが見えず、何がゴール（結論）か、いつ終わるのかもわからない。

やたら停留所には止まるけれど、いまどこを走っているのか、まわりの景色もよく見えない、次にどこへ行くのか、そして終着点がどこなのかもわからない。そんなバスに延々乗せられたら、不安と苦痛でしかないですよね。

聞き手を、そんな「ミステリーツアー」に連れ出している人は、意外に多いものです。もっと、乗客である聞き手が安心して、旅を楽しめるような工夫が必要なのです。

話し方の基本は「結論→中身→結論」の3層構造

「伝わる話し方」のポイントは、ズバリ、話の「順番」をきちんと守ることです。

順番には、鉄板の「型」があります。

日本でいえば、「起承転結」のようなものですが、アメリカの子どもは、この「基本の型」を作文やプレゼンなどの機会に使うよう、徹底的に教え込まれます。

❶Opening（Introduction）：導入部
❷Body（Detail）：中身
❸Closing（Conclusion）：締め

この3層の「基本型」は以下のように呼ばれます。

ハンバーガー型

結論やキーメッセージというパンで、中身を挟むイメージ

ピラミッド型

トップにキーメッセージ（結論）を置き、徐々に詳しく話していく

メッセージハウス型

キーメッセージを屋根に、中身をいくつかの柱に分けて話す

図4-2　話し方の基本の3層構造

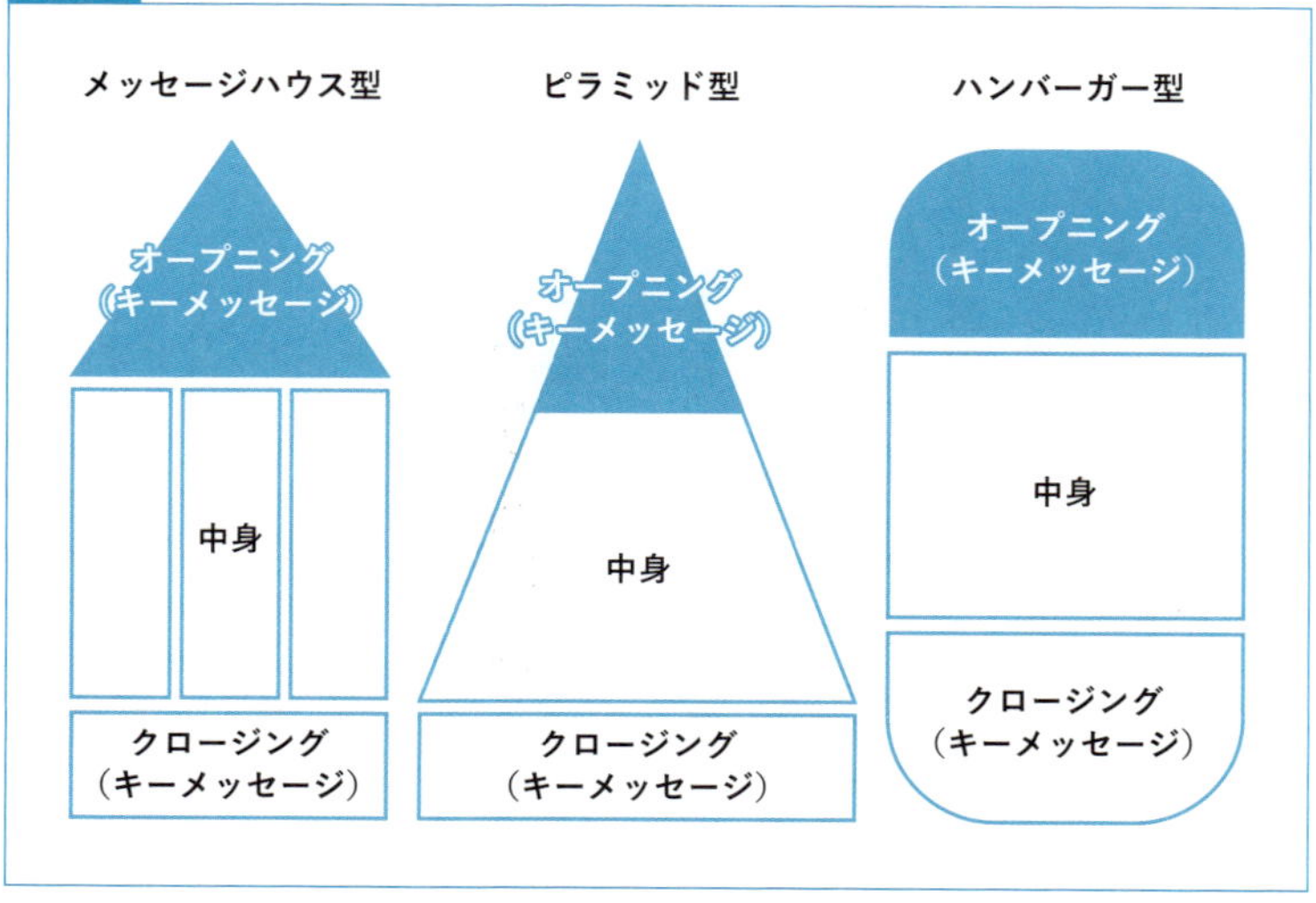

など、名称はさまざまですが、基本は同じ3層構造です（図4-2）。

「あみだくじ」を「おみくじ」に変え、「だらだらしゃべり」をすっきり解消！

とはいえ、これらの型は、「起承転結」同様、抽象的で実践が難しい。

そこで、思いっきりシンプルに、たったひとつのフレームワークに絞りました。

これだけ覚えてください。

それが**「おみくじフレームワーク」**（図4-3）。

聞き手を迷子にする「あみだくじ話法」を、**最短コースで着実にゴールに連れていく「おみくじ話法」**に変えるのです。

「おみくじ話法」とは、**まず一番言いたいこと、**つまり**一番重要な結論から始める話し方**です。

おみくじには、一番てっぺんに「まとめ」＝「全体運」、たとえば、「大吉　流れに身を任せればすべて吉報へ向かう」などと書いてありますよね。

図4-3 おみくじフレームワーク

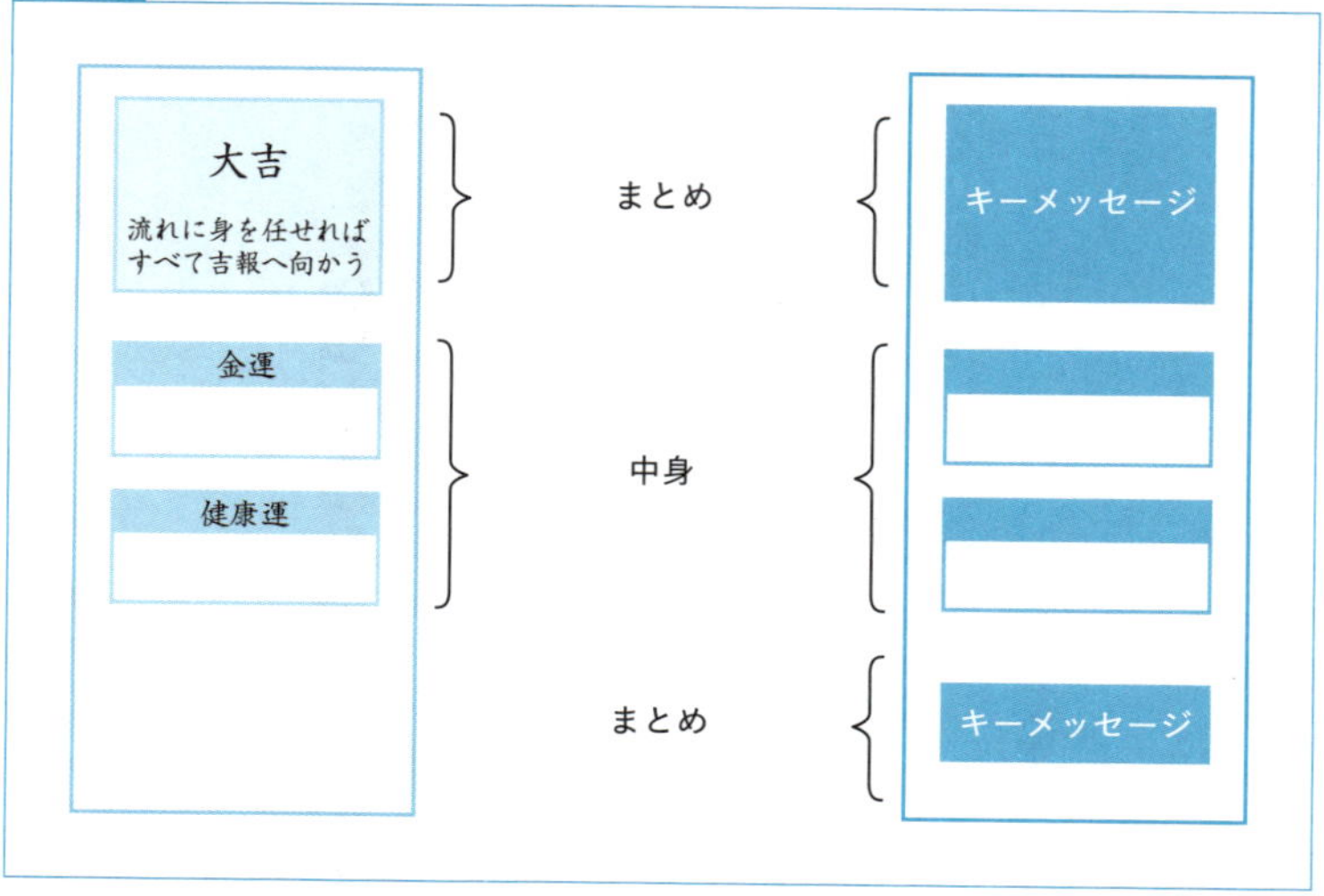

そのあとに「中身」＝「個別運」、たとえば「金運」「健康運」など細かい情報が続きます。

同じように、**まずは「一番言いたいことを、一言でまとめる」**、そのあとに**「具体的な中身について順番に話していく」**というフレームワークです。

まとめ（キーメッセージ）＝「全体運」
＋
具体的な中身＝「個別運」
＋
まとめ（キーメッセージ）

の構成です。

先ほど（103ページ）のあいさつで

あれば、こういうふうに言い換えることができます。

まとめ（キーメッセージ）

本日、お伝えしたいのは、「いま一度、原点に立ち戻ろう」です。われわれの原点は「社会の役に立つ発明で、暮らしを豊かにすること」。

具体的な中身

その達成のためには3つの行動を心がけましょう。ひとつめは……、2つめは……、3つめは……。

すっきり、わかりやすくなりますよね。

インパクトある「キーメッセージ」が光る「エガちゃん」の名スピーチ

「おみくじフレームワーク」の主役は、もちろん全体運の「大吉」のところ、つまり、まとめとなるキーメッセージです。

「今日、一番、私が言いたいことは何か?」を考え、一言にまとめる。

それは家でいえば土台、木でいえば幹。

しっかりとした、インパクトのあるキーメッセージを相手の心に残せたら、その話は成功と言えます。

たとえば、「感動する!」と話題になったお笑い芸人「エガちゃん」こと江頭2:50さんの入学式でのスピーチ。

代アニ(代々木アニメーション学院)のお前ら! お前らに一言物申す! 入学おめでとう!(中略)

かくいう私もトルコで全裸になって捕まったり、新宿で下半身を出して捕まったり。嫌いな芸人ランキングは9年連続1位、抱かれたくない男ランキング不動の1位でした。最近では大好きだった佐山愛ちゃんにフラれてしまいました。

もう、どうしようもない人生です。

でも、そんなことがあったからこそ、好きなユーチューバーランキングで2年連続の1位をとることができたんだと思ってます。

かなり遠回りをしましたが、何が言いたいかというと、何があっても諦めるな、ということです。（中略）

お尻から粉を出す。これ普通だったらただの変態です。

でも、なりふり構わず、真剣にやっていると、誰かが笑ってくれる。

真剣にやるのは、若い君たちにとって恥ずかしいことかもしれません。バカにしてくるやつもいます。

でも99人がバカにしても、ひとりが応援してくれたら、それでいいじゃねえか。

ひとりが笑ってくれたら、それでいいじゃねえか。

それでも、もしつらいこと、いやなことがあったら俺を見ろ。そして笑え。

悩むのがバカバカしくなるから。

「何が言いたいかというと」という表現で、ここがポイントだと指し示したうえで、**「何があっても諦めるな」というキーメッセージを強調**しました。そして、その根拠となる、具体的で個人的な失敗のエピソードをちりばめました。

もうひとつ、紹介したいのが、トヨタ自動車の豊田章男会長がアメリカのバブソン大学の卒業式で行ったスピーチです。

タイトルは**“Find your own donut”（自分だけのドーナツを見つけましょう）**でした。

豊田会長は、アメリカに留学していたとき、勉強漬けでつらかった日々を振り返り、唯一楽しみだったのがドーナツだったというエピソードを紹介。

そのうえで、

みなさんも、自分だけのドーナツを見つけてください。
夢中になれるものを見つけたら、手放さないでください。

と呼びかけたのです。

世界の大谷翔平の「神メッセージ」とは

ほかにも、パンチの利いたキーメッセージが注目されたスピーチがありました。


僕から一個だけ。憧れるのをやめましょう。

ファーストにゴールドシュミットがいたり、センターを見たらマイク・トラウトがいるし、外野にムーキー・ベッツがいたり、野球をやってれば誰もが聞いたことがあるような選手たちがいると思う。

今日一日だけは、やっぱり憧れてしまっては超えられないんで、僕らは今日超えるために、トップになるために来たので、今日一日だけは、彼らへの憧れを捨てて、勝つことだけ考えていきましょう。

さあ、行こう！


メジャーリーグの大谷翔平選手が２０２３年のＷＢＣ決勝戦の前に、チームのメンバーに語りかけたシーンです。

「キーメッセージ→具体例→キーメッセージを繰り返す」という、まさにお手本のような話し方でした。

みなさんも、短く歯切れよく、記憶に残りやすく、相手をノックダウンさせるぐらいにパンチの利いた「神メッセージ」を、繰り出してみてください。

世界的なプレゼンイベントTEDの代表である、クリス・アンダーソンはその著書の中で、次のように語っています。

パブリックスピーキング（人前で話すこと）で本当に重要なのは、自信でも、ステージでのプレゼンスでも、スムーズな話し方でもない。**言うに値する何かを持っているかどうか**だ。

語るに値する何かを**「たった一言のメッセージ」に凝縮し、結晶化**することこそが、「人前で話す」ときの最も大切な作業なのです。

COLUMN

天性の話し上手？ 努力の人？ 愛子さまの超コミュ力

国内外の企業経営者、芸能人などの「話し方ウォッチャー」歴の長い私ですが、最近、「お上手だな〜」と注目している人がいます。

それが、天皇皇后両陛下の長女、愛子さまです。

その「スーパーコミュニケーター」ぶりは、成年を迎えて行われた記者会見の席でもいかんなく発揮されていました。

次々と浴びせられる質問に対し、原稿を一切見ずに、理路整然とお答えになり、お母様である雅子さまのしっかりした話しぶりを彷彿とさせました。

「愛子さまにとって、天皇皇后両陛下はどのようなご両親ですか。思い出や日々の会話についてご紹介ください」という質問には、こう答えています。

両親は、私の喜びを自分のことのように喜び、私が困っているときは自分のことのように悩み、親身に相談に乗ってくれるような、私がどの

ような状況にありましても、一番近くで寄り添ってくれるかけがえのない有り難い存在でございます。（中略）

両親との思い出といいますと、やはり私の学校の長期休みに出掛けた旅行のことが真っ先に思い浮かびます。どの旅行も非常に思い出深いものでございますけれども、静岡県の下田市にある須崎御用邸に行き、海で泳いでいる時に、綺麗なお魚の群れを発見して皆で観賞しましたり、また、須崎はほとんど波のない穏やかな海でございますけれども、サーフボードを浮かべて、そこに3人で座る挑戦をして、見事全員で落下した思い出など、お話しし始めると日が暮れてしまうかもしれません。

両親について、「一番近くで寄り添ってくれるかけがえのない有り難い存在」とキーメッセージとして一言でまとめ、そのあとに、ほほえましいエピソードを事例として詳しく語られました。

「事前に頂いた御質問に対して、なるべく具体的に自分の言葉で自分の思いを皆さんに知っていただけるように伝えたいと思って準備してまいりました」ともお話しになっており、しっかりと、自分の言葉で語る地道な努力をされているようです。

ちなみに、お父様である天皇陛下からは、「聞いてくださっている皆さんの顔、お一人お一人の顔を見ながら、**目を合わせつつ、自分の伝えようという気持ちを持って話していく**というのがコツ」と教えられたそうです。

まさに、話し方の神髄をついていますね。

「神メッセ」をつくる「4S」と「2V」

繰り返しますが、おみくじで最初に「大吉」なのか「中吉」なのかが書かれているように、**まずは一番大事な要点を一言でまとめて伝え、そのあとに細かい中身を伝えるの**がわかりやすい「人前での話し方の流儀」です。

スピーチ、プレゼン、面接、あいさつ……。

人前で話すあらゆる場面で、聞き手の心をガッツリつかむ**一言の「神キーメッセージ」（パワーメッセージ）を用意**しておきましょう。

広告でいえばキャッチコピーやスローガン、記事であれば見出し、テレビのニュースであればヘッドライン。

インパクトのある「神メッセ」は、次の条件を満たしています。

Simple（シンプル）

ぱっと聞いてすぐに理解できるわかりやすさ

Short（短い）

長すぎず、短すぎない長さ。新聞や雑誌、ヤフーニュースの見出しの分量である10〜20文字ぐらいが理想的

Surprise（驚き）

当たり前ではない、意外性

Sentiment（感情）

「励まされる」「郷愁を覚える」「ワクワクする」など聞き手の感情を喚起する

Value（価値）

相手にとって役に立つ、価値がある、ベネフィット（利益・思想）がある、問題を解決する

Visual（描写的）

具体的で、聞き手の頭の中にイメージがわきやすい

「4S」＋「2V」と覚えてみましょう（図4-4）。

図4-4　神メッセをつくる4Sと2V

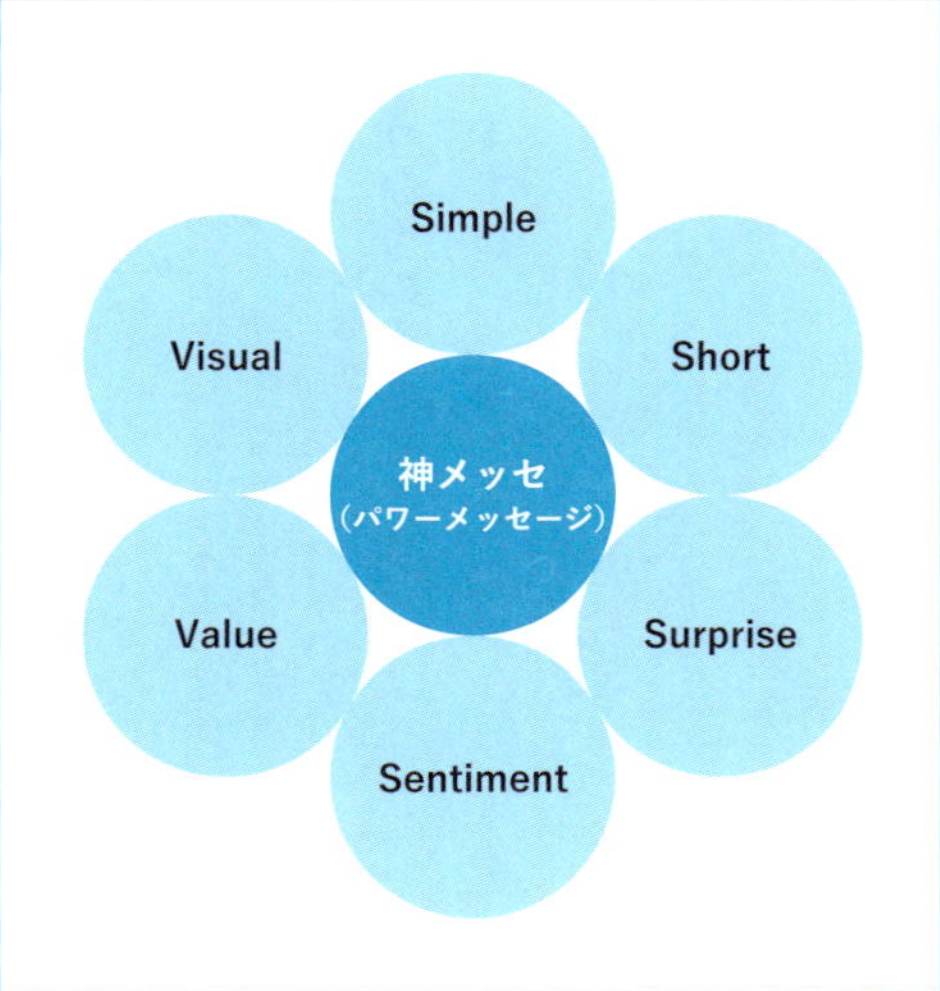

アマゾン、グーグル……世界の有名企業のキーメッセージとは

印象的な「キーメッセージ」としては、次のようなものがあります。どれも「4S」と「2V」の条件を満たしていますね。

- 「地球上で最もお客様を大切にする企業」
  ――アマゾンのミッションステートメント
- 「Make America great again」(アメリカを再び偉大な国に)
  ――ドナルド・トランプのスローガン
- 「あなたのポケットに1000曲」
  ――スティーブ・ジョブズがiPodのローンチで使った言葉
- 「脳がちぎれるほど考えよ」
  ――ソフトバンク・孫正義会長
- 「世界中の情報を整理し、世界中の人々がアクセスできて使えるようにする」
  ――グーグルのミッションステートメント

所有資産が3000億円を超える有名なベンチャーキャピタリストのマイケル・モーリッツは、グーグルの創業当初に12・5億ドルの投資を決めた要因を「シンプルなメッセージだった」とし、次のように説明しました。

投資家も含めて、ほとんどの聞き手は集中力がない。
彼らの頭脳にメッセージを焼きつけることは、稀有な技術・スキルだ。
だから、あなたのアイデアは記憶に残りやすく、明確で、鮮明なものでなければならない。

あれもこれも羅列してだらだら話すのではなく、**まずは言いたいことをギュッと凝縮した「神キーメッセージ」で、聞き手の心をガッツリつかむ**。
たとえば、こんな「一言」です。

プレゼンで
セールスポイントは「環境にも、肌にも、お財布にも、優しい石鹸」です。

スピーチで
本日お伝えしたいのは「コミュ力は才能ではなく、いますぐ習得できるスキルだということ」です。

面接で
私の強みは「コマツのブルドーザーのような突破力」です。

「自分の考えを一言で言い表せないのなら、何も伝わらないのと同じこと」
そう心得ましょう。

プレゼン・スピーチ、鉄板の始め方と終わり方

キーメッセージが決まったら、プレゼンやスピーチはこんなふうに始めてみましょう。

やってみよう！〈オープニングの事例〉

あいさつ→つかみ→自己紹介（ない場合もあり）→キーメッセージ（結論）

あいさつ
みなさん、こんにちは。

つかみ
突然ですが、「10人中8人」。これはどんな数字でしょう。じつは「人前で話すことが苦手」と答えた日本人の割合です。みなさんはいかがですか。

自己紹介
私は、コミュニケーション戦略研究家の岡本純子です。

キーメッセージ（結論）
本日は「**『人前で話す力』は10の方法で10倍上げられる**」についてお話しします。

「つかみ」の具体的方法については第7章で詳しく紹介します。

終わり方は、

キーメッセージ→「call to action」（行動の呼びかけ）→感謝の弁

で終わるのが理想的な形です。

やってみよう！〈クロージングの事例〉

キーメッセージ

本日お話ししたとおり、**人前で話す力はあっという間に上げることができ、自信が生まれ、人生が変わります。**

行動の呼びかけ

ぜひ、ひとつでも実践して、その即効性を実感してください。

感謝の弁

みなさん一生懸命聞いてくださり、本当にありがとうございました。

「人前での話」は、キーメッセージで始まり、キーメッセージで終わる。

「たった一言」を聞き手の記憶に確実に刻み込みましょう。

図4-5 プレゼンの始め方・終わり方

オープニング

- あいさつ
- つかみ
- 自己紹介
- キーメッセージ

クロージング

- キーメッセージ
- 行動の呼びかけ
- 感謝の弁

第5章

もう絶対迷わない！話し方の悩みはこの順番で解決する

おみくじの「大吉」に当たる「キーメッセージ」が決まったら、次はそのあとに続く「金運」や「健康運」など「個別運」に当たる**具体的な中身の組み立て方・話し方**について学びましょう。

ここにあれこれ、ごちゃごちゃ盛り込みすぎると、あみだくじに逆戻り。

「5つの組み立て法」で、すっきり美しいフォルムに矯正していきます。

情報をカテゴリー別に「引き出し」にしまう

やってみよう！〈簡単な記憶力のテスト〉

次の9つのアイテムを15秒間で、できる限り覚えてみてください。

じゃがいも、冷蔵庫、大根、チョコレート、洗濯機、クッキー、電子レンジ、ピーマン、ケーキどうですか？ いくつ覚えられましたか？

では、次のように提示されたら、どうでしょうか？

【野菜】じゃがいも、大根、ピーマン
【菓子】チョコレート、クッキー、ケーキ
【家電】冷蔵庫、洗濯機、電子レンジ

がぜん、覚えやすくなりませんか？

ごちゃごちゃと、次から次へと情報を詰め込み、脈絡なく話すと、内容が伝わりません。

伝えたい情報を、カテゴリー・グループ別に分けて、順番に話すのが、人前での話し方の王道です。

部門別、ポイント別、時代別、場所別、イシュー別、問題別、理由別などなど、たたみ終わった洗濯物をパンツ、靴下、シャツなどと種類ごとに「引き出し」にしまうように、整理するのです。

この仕分けはくれぐれも厳密に。
娘さんのブラジャーのところに、お父さんのパンツを入れてはいけません。

きちんと収納できたら、そのうえで、

「キーメッセージ＋引き出し1段目＋引き出し2段目＋引き出し3段目＋キーメッセージ」

といったように順序立てて話していきましょう。
おみくじでいえば、

全体運＋個別運①金運②仕事運③恋愛運……

といった感じですね。
では、ここで、この「引き出し」部分の組み立て方として、とくに汎用性の高い、**「OREO」話法、「PESO」話法、「3 Points」話法**、の3つを紹介しましょう。

説得力を爆上げする！「OREO」話法

ひとつめは、キーメッセージを裏付ける「理由」（なぜなら）を示したあとに、それを説明する「具体例」（たとえば）を続ける「OREO」話法です。

キーメッセージ（Opinion/Point）→理由（Reason/Evidence）→具体例（Example）→結論（Opinion/Point）

頭文字をとって「OREO」「PREP」と呼ばれます。具体的を見てみましょう。

「OREO」話法

キーメッセージ
人前で話す力は人生最強のスキルです。
理由
なぜか。それは、人は一瞬のうちに、「話す力」でその能力を判断されやすいからです。
具体例
たとえば、どんなに頭のいい人でも「もごもご」と話していたら、印象は悪くなってしまいますよね。
結論
人生最強スキルである人前で話す力を鍛え、自信をつけませんか。

この応用形として、

キーメッセージ（Point）→具体例／エピソード（Example/Episode）→説明（Explain）→結論へのリンク（Link）

と展開する「**PEEL**」**話法**もあります。

たとえば、120ページで紹介した「脳がちぎれるほど考えよ」というキーメッセージのあと、孫さんはインタビューで、こう続けました。

具体例
アメリカに留学した19歳のころ、1日5分でひとつ発明するノルマを自らに課した。

説明
1年間で250件ほど特許出願できるようなアイデアを生み出した。そのひとつが音声付きの多言語翻訳機で、試作機までつくり、1億7000万円を稼いだ。

理由が先か、具体例が先か、など考えるのがめんどくさいという人は超シンプルな「4E話法」はいかがでしょう。

キーメッセージ＋

☑Evidence（理由・論拠）
☑Example（具体例）
☑Episode（エピソード）
☑Explain（説明）

4Eをいくつか組み合わせる

＋キーメッセージ

私はよくメディアの取材を受けますが、たいていこの「4E話法」で乗り切ります。ぜひお試しくださいね。

演説でも通販でも！説得の定番「PESO」話法

2つめは説得の定番「PESO」（問題解決）話法です。

問題（Problem）や課題、悩み→理由（Evidence）→解決法（Solution）→解決のオプション・具体的な解決策（Option）

という話し方です。

「PESO」話法

- キーメッセージ
- 問題 Problem
- 理由 Evidence
- 解決法 Solution
- 解決のオプション Option
- キーメッセージ

キーメッセージ

人前で話す力は簡単に学べる、人生最強のスキルです。

問題

みなさんは、人前で話すときに緊張してしまうことありませんか？

理由
なぜなら、それは人間の本能だから。
解決法
じつはその悩み、このコミュ力メソッドで解決できます。
解決のオプション（解決策）
具体的には5つの方法があります。ひとつめは……。

理由などを省いて、「問題→解決策」だけでも説得力十分。
この話法は通販でもよく使われます。

キーメッセージ
冷え性のみなさんに、とっておきの商品をご紹介します。
問題
だいぶ寒くなってきましたね。「足が冷たくて眠れない」という人はいませんか？

解決策
そこで、この「あったか毛布」です！

キーメッセージ
体形が気になる人に、手軽なダイエットグッズを紹介しましょう。

問題
最近、お腹まわりが気になるという人に朗報です。

解決策
着けるだけで、お腹があっという間にスリムダウンするこの魔法の○○！

単純明快ですね。

さらに、この話法を発展させた、

注意喚起（つかみ）→問題提起→解決策→成果の視覚化→行動の呼びかけ

は政治家の演説、広告の定番フレームワークです。

注意喚起（つかみ）
みなさん、腹が立ちませんか？

問題提起
最近の政治家。パワハラ、政治資金の不正使用、世襲、利権政治。何十年にもわたり、特権階級の人たちが当たり前のように地位を独占する。

解決策
世代交代が必要です。若い力で日本を変えていきましょう。

成果の視覚化
私が当選した暁には、「政治家のための政治」ではなく、「生活者のための政治」、たとえば、〇〇といった政策をいの一番に実行します。

行動の呼びかけ

ぜひ、私と一緒に日本を変えていきませんか。

これは、1930年代、アメリカのスピーチ学者アラン・モンローが開発した「モンロー式動機付けのシークエンス（順序）」と言われるフレームワークで、アメリカの大統領のスピーチなどでもよく使われています。

COLUMN

シリコンバレー式「最強のピッチの方程式」とは？

この「PESO（問題解決）話法」は、シリコンバレーやウォールストリートなど世界経済の最前線でも使われる「ピッチ」（限られた時間で自社を売り込むプレゼン）でも、日常的に活用されています。

とくにピッチの必勝法として有名なのが、アップルやグーグルなどに投資

してきたアメリカの有名ファンド「セコイア・キャピタル」のフォーマットです。

❶会社を定義する（どのような会社なのかを簡潔に）
❷問題・課題（客のどのような課題を）
❸解決法（どのように解決するのか）
❹なぜ、いま（必要）か
❺市場規模
❻競合
❼製品
❽ビジネスモデル
❾チーム・メンバー
❿事業計画

私もPR会社のコンサルタント時代、この問題解決型フォーマットをもとに、次のような順番で情報を整理し、提案資料をつくっていました。

❶問題・課題
❷原因
❸解決の方向性
❹具体策
❺解決策の効果
❻結論

このように、フレームワークの順番どおりに情報を整理し、落とし込んでいくことで、**相手を納得させる説明が、あっという間にできる**ようになります。

使わなくちゃ損！ 王道の「3 Points」話法

3つめはロジカルスピーキングのまさに王道。

キーメッセージのあとの具体的な中身を3つのポイントに分類し、**「3つあります」**と前置きして、話を展開していく方法です。

「3 Points」話法

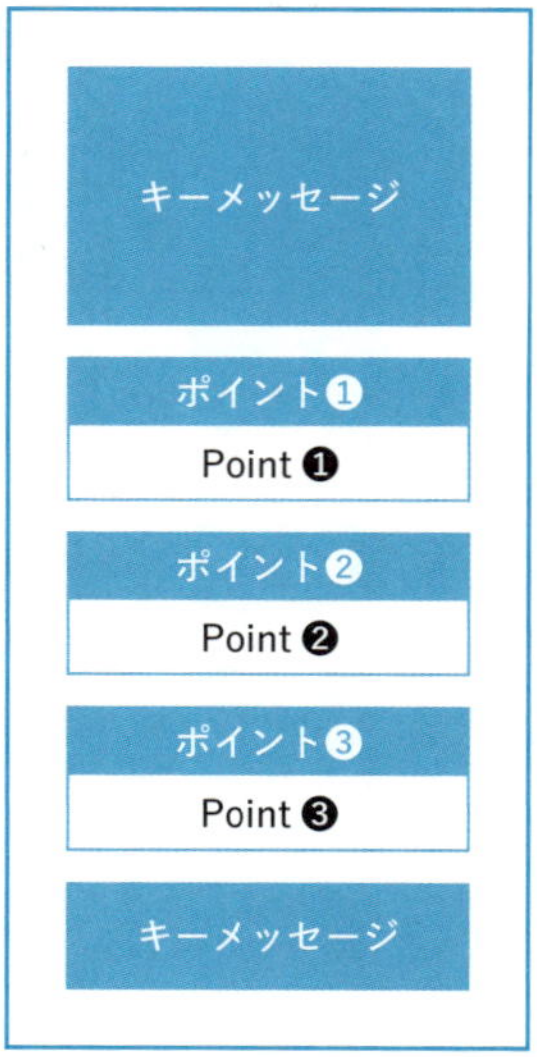

キーメッセージ↓ポイント❶❷❸↓キーメッセージ

キーメッセージ
人前で話す力を鍛えることで、人生は変わります。

3つのポイント
「自信」「好感度」「より良い関係性」の3つを手に入れることができます。

この「3 Points」話法は、グローバルエリートも頻繁に活用しています。

たとえば、アマゾンのジェフ・ベゾスは、

キーメッセージ
我々のビジョンは「地球上で最もお客様を大切にする企業」です。

3つのポイント
そのためにわれわれは「低価格」「品揃え」「利便性」という3つの要素を大切にしています。

と説明しました。彼は、この話法が大好きで、「3つある」を多用することで知られています。

また、世界的投資家ウォーレン・バフェットの「3つある」はこんな感じです。

キーメッセージ
誰かを雇おうとするとき、あなたは3つの資質を見なければならない。

3つ

誠実さ、知性、そしてエネルギーだ。

体験エピソード

私は新卒から10年間、新聞記者をしていたのですが、インタビューでこちらの質問に対して、企業の社長が「3つあります」と答えると、「考えがまとまっているな」「できるな」と感じたものでした。

この言葉を言われると、**「ここから3つが大切なんだな」と心の準備ができ、メモがとりやすいというメリット**もあります。

三銃士、陸・海・空、3匹の子豚・ヤギ、赤・青・黄、過去・現在・未来などの「3点セット」や、日本各地に点在する「三大〇〇」など、人は「3つあります」が大好き。

それは、3という数字が、「点」(1点)や「線」(2点を結ぶ)から進み、はじめて「面」がつくられる数で、「安定性」「調和」「完全性」を意味する「マジックナンバー」だからだそうです。

また、5個も10個も情報があると、とても覚えきれませんが、3つであれば記憶にとどめやすいでしょう。

ただ、この話法の難点は、**3つと言いつつ、3つめを忘れてしまうと、気まずい**こと。

すべてしっかり記憶したうえで、上手に活用してくださいね。

「幹→枝→葉」の順番をきちんと守る

「OREO」話法と「PESO」話法を「3 Points」話法と掛け合わせて使う方法も効果的です。

「3つの理由」「3つの具体例」「3つの問題」「3つの解決法」といった形ですね。

「3 Points」話法の場合、まずは**「サブキーメッセージ」（小見出し）として、3つのポイントそれぞれの要点を一言でまとめ**、そのあとに、**具体的な内容を説明する流れ**にすると、わかりやすくなります。

小見出しとは、引き出しのラベルに当たる部分です。

それぞれの「引き出し」に何が入っているのかを、最初に短い言葉で説明してあげるのです。

キーメッセージ
生産性向上であれば、わが社の商品を、自信を持っておすすめします。理由は3つあります。
ポイント❶❷❸
ひとつめは業界ナンバー1の品質、2つめはスピード、3つめが安全性です。
具体的に
品質面では、たとえば、……。**スピード**という点では、……。**安全性**では……。

キーメッセージ
小原屋は「**コメのうまさ日本一**」**が売りの定食屋**チェーンです。特徴は3つ。
ポイント❶
ひとつめは「**こだわりの味**」です。

具体例
原材料にこだわり、店頭で原材料から調理。とくにコメは……。
ポイント❷
2つめは**「出来たてのスピード感」**です。
具体例
一番おいしいつくりたてで食べていただけるように……。
ポイント❸
3つめが**「あったかいサービス」**です。
具体例
たとえば……。

「ロジカルな話し方の王道」であるこの流れは、木の「幹→枝→葉」にたとえることもできます（図5-1）。

まずは、キーメッセージを**「幹」**として、打ち出す。

図5-1 「ロジカルな話し方の王道」概念図

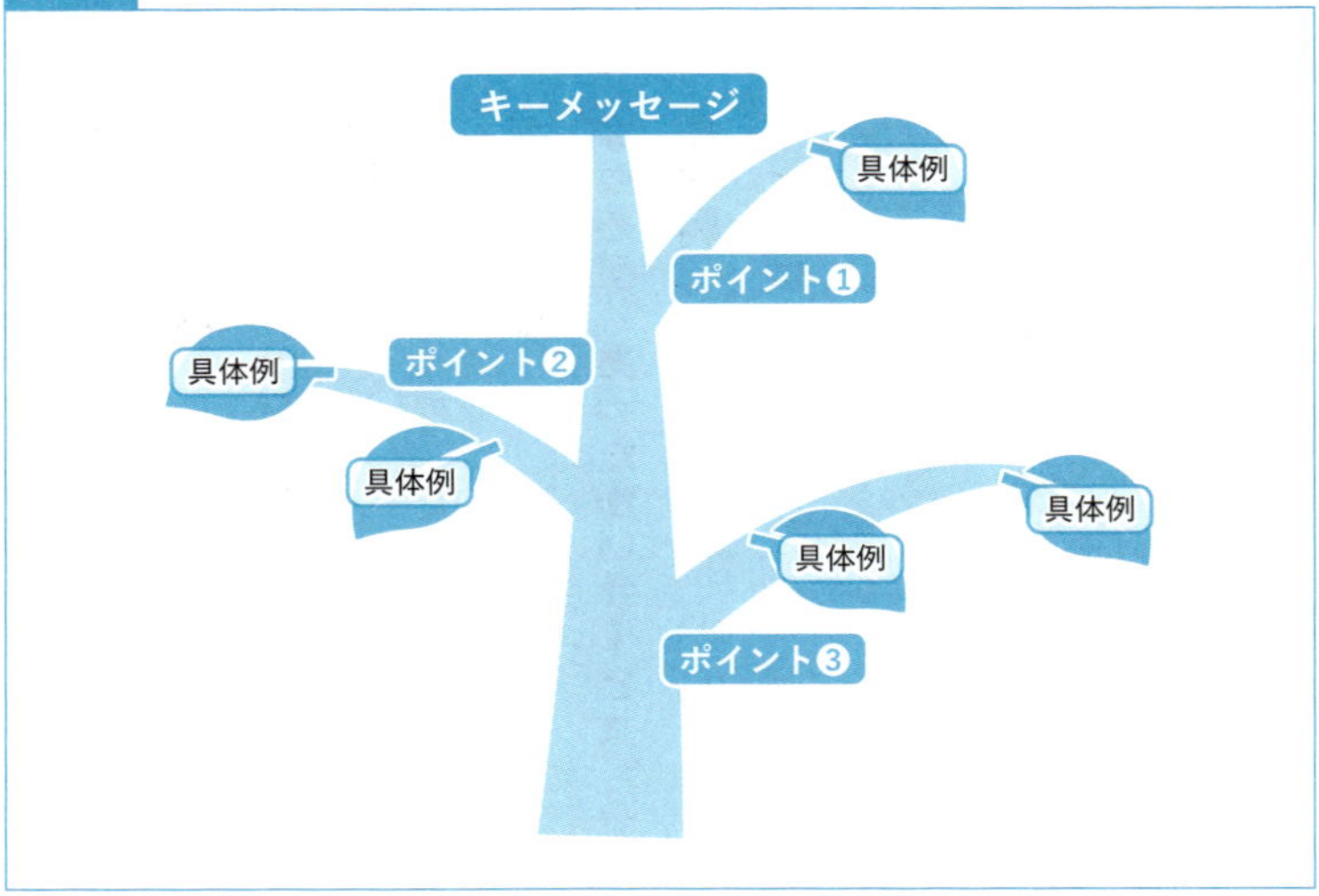

その後、**3つのポイント（枝）**を示したうえで、**具体例や詳しい説明（葉）**を加えていく。

この順番が大切です。

やりがちなのが、逆に、細かい事例やエピソード、つまり「葉」の部分から始めてしまい、くどくど、だらだらと話し、何が「幹」（キーメッセージ）や「枝」（ポイント）かわからないこと。

人はたくさんの情報を聞いても、なかなか記憶にとどめられません。

「ひとつのキーメッセージ」「3つのポイント」がしっかり相手の脳みそに残るように、**「まずは『幹』から」**を心がけていきましょう。

COLUMN

接続詞や案内言葉を上手に使って、「現在地」を明らかにする

プレゼンやスピーチで聞き手が戸惑うのが、「いったい、いまこの話はどのあたりまで来ていて、あとどれぐらいで終わるのか」がわからない状態です。

だからこそ、プレゼンであれば、最初にこれから何を話すのかをざっくり話したり、スライドであれば、チャプターごとに中扉を入れて、話の内容が変わったことを知らせるのが親切です。「○分ほどいただき、お話しします」などと、冒頭で紹介しておくことで、聴衆の心の準備もできます。

また、話の中では、「接続詞」や「案内言葉」をしっかり使うことで、現在地を知らせることが大事です。

旅でも、「今日の目的地は3つあって、いまは2つめ」とわかったほうが安心しますよね。富士山であれば、「いまは何合目か」を確認したいもの。

ですから、たとえば、

●冒頭で「本日は、〇分ほどいただき、〇〇〇〇についてお話しします」と伝える

●キーメッセージを話すときは、「これが、今日のポイントです」「私の最もお伝えしたいことは」などと前置きし、印象に残るよう話す

●「OREO」話法を使うときは、「なぜなら・なぜかというと・その理由は」「具体的に言うと、たとえば」などと伝えたうえで、説明する

●「3Points」話法では、「ひとつめは、2つめは、3つめは」「最初に、次に、最後に」としっかりとナンバリングする

●話が次のチャプターに変わるときには、「では、ここから解決策についてお話しします」「続いて、具体的な事例です」などと前置きし、場面転換したことを知らせる

ただし、「ここでは〇〇についてお話ししたいと思います」などとページごとに説明する人がいますが、それはくどいので、必要ありません。

聞き手を置き去りや迷子にしないよう、上手に道案内しましょう。

どんな伝える場面でも使える！ 超万能「SBI」話法

3つの基本話法のほかに、あと2つ、さまざまな場面で使える**万能フォーマット**も紹介しておきます。

まずひとつめが、スピーチやあいさつだけではなく、面接、人をほめるとき、叱るとき、感謝するとき、自己紹介など、どんな場面でも使える**「SBI」話法**です。

- **S**　**Situation**　シチュエーション
- **B**　**Behavior**　行動
- **I**　**Impact**　インパクト

「SBI」話法

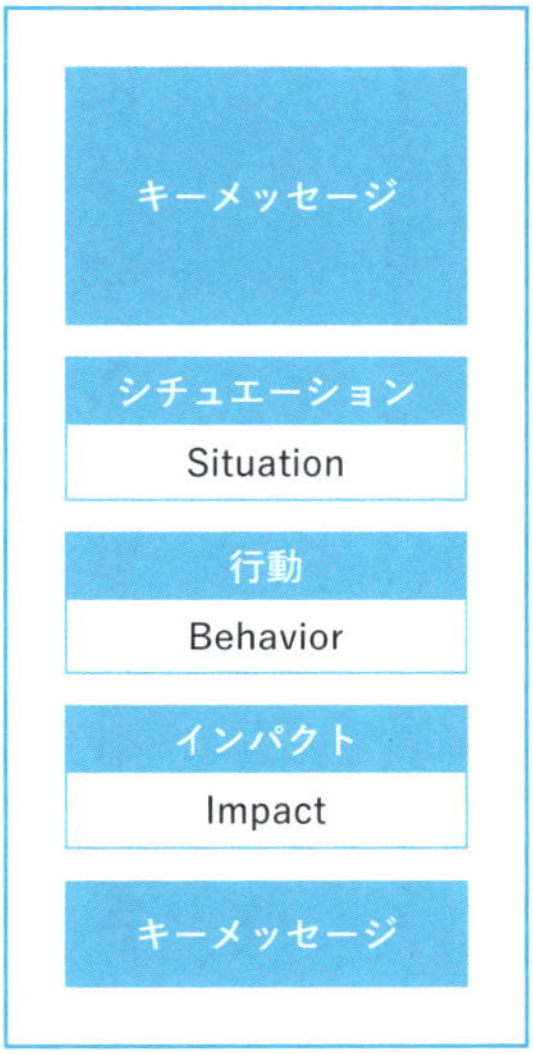

たとえば、社員や部下に感謝を伝えたいとき、

キーメッセージ
みなさんの仕事ぶりには、本当に感銘を受けました。
シチュエーション
この1週間、通常の1・5倍とお客様が大変多く、ご苦労をおかけしました。
行動
みなさん、お互いに声を掛け合い、助け合い、たくさんの注文を効率的に受けてくれました。
インパクト
その結果、お客様を長時間お待たせすることもなく、満足のいくお買い物をしていただき、週間の売り上げとしては過去最高となりました。
キーメッセージ
みなさんのおかげです。心から感謝します。ありがとうございます。

この「SBI」フォーマットは、人をほめる、間違いを指摘する、指示するなど、ありとあらゆる場面で効果を発揮します。
たとえば、指示する場面では、具体的なシーンや行動をしっかりと伝えることで、相手が理解し、納得しやすくなります。

シチュエーション
今期は、商品の端境期で、やや苦しい状況にあります。
行動
ぜひ、既存商品AとBについて、重点的にプロモートしていきましょう。
インパクト
売り上げ前年比10％増達成を目指してください。

「お疲れさま」「ありがとう」「しっかり」といったように、そっけなく、ありきたりの言葉で終わらせず、**具体的、かつ簡潔に伝えるのがポイント**です。

面接の常勝話法！強みをアピールするなら「STAR」話法

もうひとつの万能応用フォーマットが「**STAR**」**話法**。こちらは自分の強み、功績などをアピールする機会、つまり、**面接などでとても重宝**します。

「STAR」話法

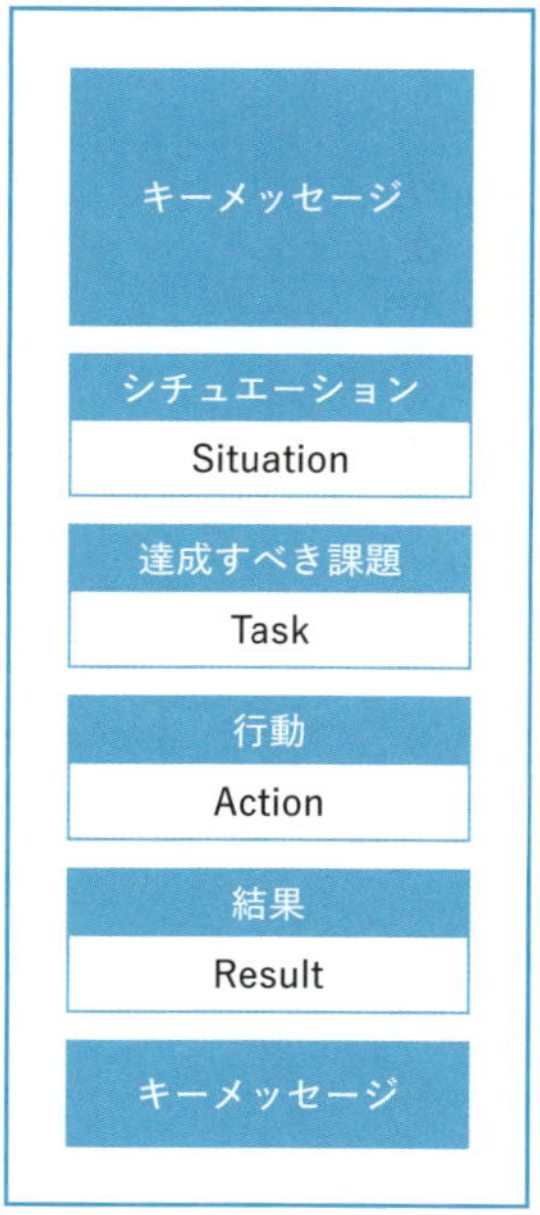

S **Situation** シチュエーション

T **Task** 達成すべき課題

A **Action** 行動

R Result 結果

これは先ほどの「SBI」話法に似ていますが、**「達成すべき課題」（T）を入れることで、どんなチャレンジをクリアしたのかを明確にアピール**することができます。

シチュエーション
5年にわたり、不動産管理会社の人事を担当しています。

達成すべき課題
勤怠管理などが煩雑で、労働状況をきちんと管理できませんでした。

行動
スマートフォンで、管理ができる独自アプリを開発し、社員に利用してもらいました。

結果
残業時間を2割カット、経費は3割減に成功しました。

といった具合です。

「DXに明るい」「責任感が強い」などというように、みなさんの成功体験や強みを抽象的な形容詞で終わらせるのではなく、**どの場面でその力が発揮されたのか、具体的な経験を話す**ことで、**よりクリアにあなたの強みを伝えることができる**でしょう。

では、「おみくじフレームワーク」の5つの型をおさらいします（図5-2）。

- **キーメッセージ＋**
- ☑ **OREO**
- ☑ **PESO**
- ☑ **3Points**

図5-2　5つの話法と活用できる場面

話法	OREO 話法	PESO 話法	3 Points 話法	SBI 話法	STAR 話法
中身の順番	• 理由 • 具体例	• 問題 • 理由 • 解決法 • 解決のオプション	• ポイント❶ • ポイント❷ • ポイント❸	• シチュエーション • 行動 • インパクト	• シチュエーション • 達成すべき課題 • 行動 • 結果
活用できる場面	✓会議での発言 ✓プレゼン ✓ピッチ ✓スピーチ ✓セールス	✓プレゼン ✓ピッチ ✓スピーチ ✓セールス	✓どんな場面でも	✓スピーチ ✓ほめる ✓指示・指摘する ✓感謝する	✓面接 ✓プレゼン

☑ SBI
☑ STAR
＋ ● キーメッセージ

この**「5つの話法」さえ覚えておけば、人前で話すほとんどの場面で対応できます。**

面接、あいさつ、スピーチなど、想定されるシチュエーションに合わせて、ぜひ活用してみてくださいね。

即興力はどう身につけるか

プレゼンなど、ある程度、準備できる場合はいいのですが、面接など、その場で「即興」で話をしなければならない場面もありますよね。

「即興力」は「予行演習」を重ねることで養われます。

「即興のスピーチをするのに、3週間かかる」

とは、アメリカの有名な作家、マーク・トウェインの言葉です。

あいさつや会議で、その場で機転を利かせ、当意即妙に発言できる人。みなさんのまわりにもいるでしょう。

たしかにお笑い芸人などのように、もともと「センス」がある人もいますが、結局、コミュニケーションをマスターしていくうえで必要なのは**「準備と場数と慣れ」**。

そうした才能やセンスがなくても、周到に準備したうえで、場数を積み重ねていけば、必ず慣れ、上達します。

ですから、紹介した基本フレームワークを活用して、「人前で話す場面」「尋ねられそうな質問」を想定した問答やシナリオを、「千本ノック」のように、つくりつづけてみてください。

一言一句でなくても、キーワードだけでＯＫ。

「ひとつのキーメッセージ」＋**「3つのサブキーメッセージ」**などで十分です。

準備しておけば、ちょっと突発的な質問にも少しアレンジして応対できます。

答えを用意せず、その場で考えながら、おずおずと伝えようとするより、多少ズレていても、「準備した内容」をひるまず堂々と伝えるほうが、好印象のはず。

たとえば、みなさんなら、以下の質問に対して、どのように答えますか。

- **自分の強みは何ですか？**
- **あなたの仕事を説明してください。**
- **あなたはこれから何を実現したいと思いますか。**
- **これまでの人生で、最も輝いた瞬間について教えてください。**
- **あなたの人生最大の「大失敗」を教えてください。**
- **自己紹介をしてください。**

情報を脳の奥底に格納したままでは、簡単に言語化はできません。

頭の中の情報を棚卸しし、「フレームワーク」に落とし込んでいきましょう。

そのうえで、「予行演習」を繰り返すことで、あなたの「人前で話す力」は爆上がり間違いなしです。

「自分バリュー」を上げる「世界最高の自己紹介」のつくり方①

「現在の自分が何者か」を2文に凝縮する

「キーメッセージ」×「フレームワーク」を利用して、自己紹介を極めてみませんか。自分の強み、ユニークさを短く伝える「自己紹介」をする機会は多々ありますが、「正解」がなく、なかなか悩ましいものです。

ここからは、すでにキャリアを持つ人が、フォーマルな場（転職の面接やプレゼンで、しっかり自分の能力をアピールする**「世界最高の自己紹介」**のつくり方を紹介します。

こちらも、覚えやすい方程式をつくってみました。

基本のフレームワークは**「現在→過去→未来」**です。

ポイントはまず、**「現在の自分が何者か」を2文で簡潔にまとめ上げ、自分のキャッチフレーズ（キーメッセージ）をつくる**こと。

「I am + I do」で、自分の強み、存在価値を定義しましょう。

たとえば、私であれば、

I am：私は、エグゼクティブ向けの「話し方の家庭教師」です。
I do：プレゼンやスピーチなどのコーチングを通じて、企業トップや幹部のブレークスルーのお手伝いをしています。

となります。

とくに、「I am」の部分には、自分という存在を唯一無二のカテゴリーとして確立するために、**自分を名詞化**して、入れてみてください。

「菓子」なのか「車」なのか「電化製品」なのか。

人は、モノを買うときに、無意識にその「カテゴリー」や「用途」を確認します。

自分を名詞化して、カテゴリーを明確化することで、その商品の価値をよりわかりやすく伝えることができます。

これからの時代は「〇〇社の社員」ではなく、何らかの「スペシャリスト」「プロフェッショナル」として、「自分ブランド」を確立し、自分という商品を売っていくことが、より求められるようになります。

図5-3　「世界最高の自己紹介」の方程式

現在

❶ I am（名詞）
…私は［一言見出し（名詞）、（←13～20文字）］です。

❷ I do（動詞）
…私は（［　　］という会社で）［　　］しています。

過去

❸ SBI
- Situation（シチュエーション）
- Behavior（行動）
- Impact（インパクト）

❸ STAR
- Situation（シチュエーション）
- Task（達成すべき課題）
- Action（行動）
- Result（結果）

未来

❹ What I can do for you
- これから何をするのか。
- どんなことを達成するのか。
- 相手にどんなメリットを提供できるのか。

図5-4　「自分名詞」のつくり方

価値（競争優位性）

日本で唯一の	○○に強い
世界最強の	○○を目指す
オンリー1の	○○業界の
世界一の	○○領域の
日本一の	○○のための
ナンバー1の	○○を実現する
未来の	○○を代表する
○○系の	○○に革新を起こす
○○型の	○○を再定義する
○○の	ノウハウを持つ

×

専門領域

DX	マーケティング
PR	サイバーセキュリティー
人事	ソーシャルメディア
総務	メディア
M&A	ジャーナリズム
教育	ウェルビーイング
防災	ファイナンス
婚活	サステイナビリティー
就活	ジェンダー
法務	コミュニケーション
○○問題	リーダーシップ

×

カテゴリー

専門家	プロモーター
研究家	ソムリエ
仕事人	プロデューサー
仕掛け人	クリエーター
戦略家	コンサルタント
演出家	スペシャリスト
芸人	アンバサダー
○○士	エバンジェリスト
鉄人	ストラテジスト
達人	プロジェクト・
代表取締役	マネージャー
オタク	ディレクター
経営者	アクティビスト
投資家	エキスパート
	アントレプレナー

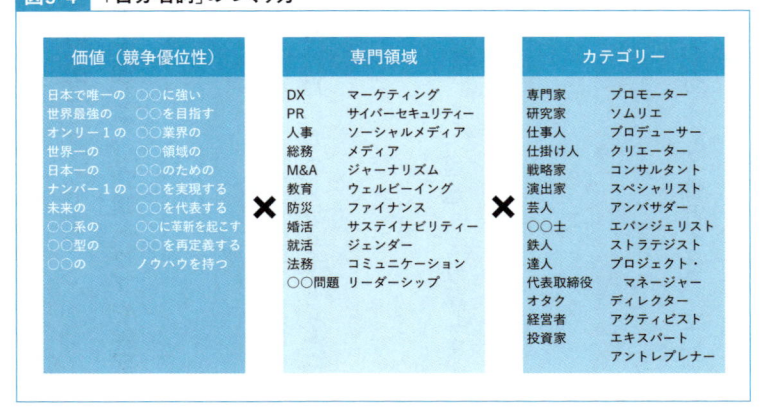

たんなる肩書きではなく、自分のケイパビリティーをより明確にアピールするために、手始めに、**自分に「商品名」「キャッチコピー」をつけていきましょう。**

ここでは、**「価値（競争優位性）×専門領域×カテゴリー」という方程式**をぜひ活用のうえ、図5-4を参考に**「自分名詞」**をつくってみてください。

たとえば、

やってみよう！

- **地域活性化のノウハウを持つ×PRの×専門家**
- **金融業界に強い×DXの×エキスパート**

といった具合です。

「偉そうに思われないか心配だ」という人は、

「を目指しています」

「を自負しています」
「と言っていただいたことがあります」
などと付け加えることで、上手に自己アピールができます。

続いて、「I do」ですが、ここではなるべく固有名詞（会社名や場所）を入れて、具体的にどこで、何をしているのかを説明します。

やってみよう！

- ○○というPR会社で、スタートアップや自治体の知名度向上のお手伝いをしています。
- □□というITの会社で、銀行のお客様向けモバイルアプリ開発に携わっています。

といった具合です。

どんな会社で、どんなクライアント・顧客向けに、どんなサービスや商品・価値を提供しているのか、つまり、**他者にどれだけのメリットやインパクトを与えているのかを言語化**しましょう。

以上、まずは「I am」＋「I do」で「現在の自分が何者か」定義するところから始めてみましょう。

「自分バリュー」を上げる「世界最高の自己紹介」のつくり方❷
過去の実績を、ハイライトを交えて説明する

次に、自分がこれまでどういった実績・功績を上げてきたかを簡潔に伝えます。

自分のこれまでの経験を要約するとともに、キャリアのハイライトを入れ込みます。

ここで役に立つのが、前述の「**SBI**」や「**STAR**」のフレームワークです。

たとえば、私の場合、ＳＢＩを使うと次のようになります。

●**シチュエーション**：私は新聞記者、PRコンサルタントをそれぞれ10年経験しましたが、もともと人前で話すのが苦手で、人見知りでした。

●**行動**：「自分を変えたい」と思い立ち、10年前に渡米し、ニューヨークで演技やボイストレーニングなどコミュニケーションの武者修行をしました。

●**インパクト**：現在は、そこで学んだ科学的ノウハウをもとに、日本のリーダー層に「話し方」を教えています。

肩書や経歴の羅列ではなく、最も自分の強みが伝わる経験を紹介してみましょう。

「自分バリュー」を上げる「世界最高の自己紹介」のつくり方③

未来のビジョンやこれから目指すことなどを相手視点で

「現在」→「過去」ときたら、最後に「未来」。たんなる自分話にとどめず、これから、聞き手のために何ができるかをアピールしていきます。

転職の面接であれば、

☑ **その会社のためにどんな貢献ができるか。**

プレゼンであれば、

☑ **これから何をしたいのか、達成するのか。**

☑ **どう相手の役に立てるのか。**

を伝えます。

私の場合なら、このようになります。

「話すのが苦手という人に自信を持ってもらいたい」と2022年に「世界最高の話し方の学校」を立ち上げました。これからは、みなさんのような次世代リーダーの育成のお手伝いに力を入れていきたいと考えています。

ほかにも、

●得意の英語力、交渉力を活かして、御社の目指すグローバル、とくにアジアでのシェア拡大にお役に立てると確信しています。
●AIの専門知識を活かし、御社の新規ビジネス開拓に貢献したいです。

といったように、相手視点に立って、そのメリットを強調し、聞き手との間に共感をつくり上げるのです。

プライベートの場面や職場内での自己紹介は、もう少し謙遜したりカジュアルなほうがいいかもしれませんが、転職の面接、プレゼンなど、ビジネスの場面では効果抜群の**「自己アピールの方程式」**です。

「自己紹介」のレパートリーのひとつとして、ぜひご活用ください。

第6章

話を圧倒的にわかりやすく！聞き手の心に届ける秘密の仕掛け

基本的な「キーメッセージ」×「フレームワーク」で骨格をつくったら、あとは、もっと話をわかりやすく、聞き手の興味をひくよう、肉付けをしていきましょう。

この章では、簡単に、「わかりにくい話」を**「わかりやすい話」**に、「耳をふさいで聞きたくない話」を**「身を乗り出して聞きたくなる話」**に変えるコツを紹介していきます。

「世界情勢」「日本経済」の話はするな

——「脳停止」から「脳覚醒」スピーチへ

体験エピソード

私は、「話し方の家庭教師」として、日本や外資系企業の社長、役員にコミュニケーションを指導しています。

とくにご要望が多いのが、**「社員や株主、メディア向けのイベントや発表会など大きなプレゼンの場での話し方を学びたい」**というもの。

いまどき、演台の後ろから原稿を読み上げるスタイルのスピーチやプレゼンは時代遅れということで、スティーブ・ジョブズのような**「グローバルスタイルの話し方」を習得したい**という人からのご依頼が増えているのです。

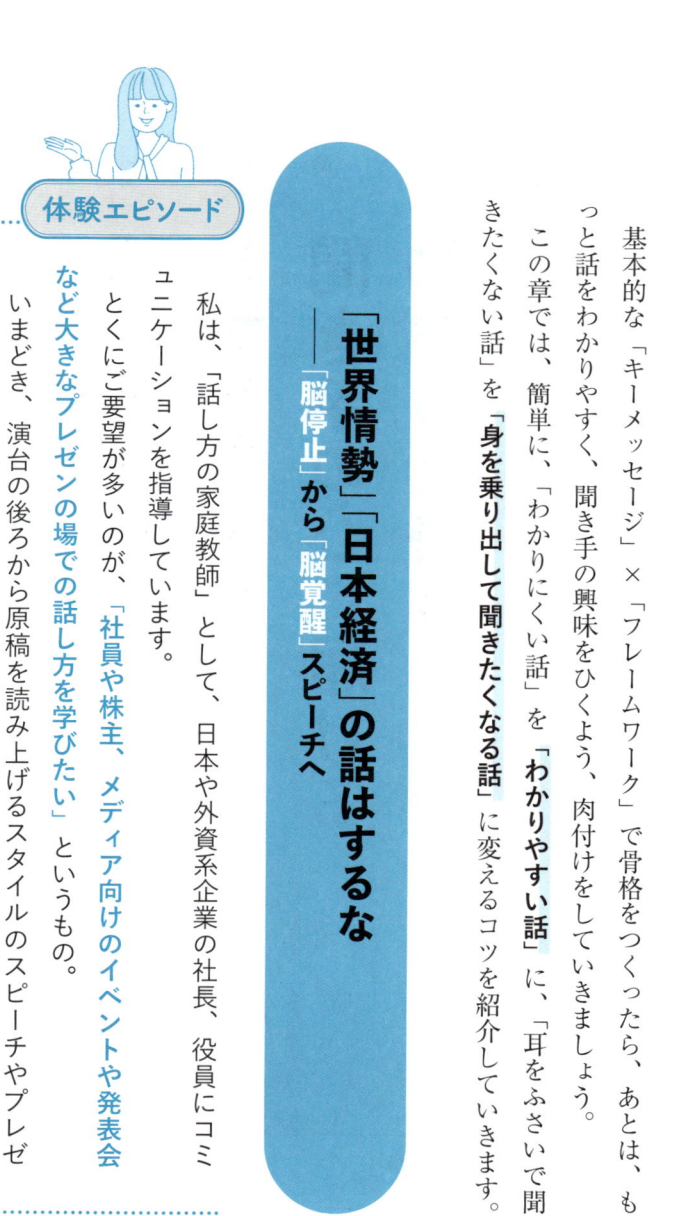

日本の経営者の場合、「ジェスチャー」や「ボディランゲージ」もきちんとできていないうえに、自分がしたい話をだらだらする「あみだくじ話法」がほとんどで、話す内容も涙が出るほど、退屈で陳腐。

私もこれまでの会社員人生で、つまらないあいさつやスピーチを山のように聞かされてきましたが、本当にあの時間を返してほしいものです。

たとえば、社長のスピーチの多くが、

- ●世界情勢・日本経済の話（「少子高齢化」「変化」「先が見えない」「不透明」「AIの登場」etc.）
- ●自社の実績、課題（「DXが急務」「働き方改革」etc.）
- ●イノベーション、革新を起こす、お客様第一……

といった内容です。どこも似たり寄ったり、ほぼ「コピペ」ものばかり。

ニュースで日ごろ見聞きする話を掘り下げもせず、薄っぺらく伝えるのは、時間泥棒の所業そのもの。

では、どのようにしたら、**「脳停止スピーチ」**を**「脳覚醒スピーチ」**に**アップグレード**できるのでしょうか。

人はなぜ、芸能人の不倫ネタに心躍るのか
——聞き手が求める3Kネタとは

「脳覚醒」スピーチにするために大切なのは、**「自分が何を言いたいのか」**より**「相手が何を聞きたいのか・知りたいのか」を優先させる**ことです。

みなさんだって、興味のないことをいろいろと言われても、右の耳から左の耳に抜けていくだけですよね。

相手が知りたくないこと、聞きたくないことをいくら畳みかけても、聞き入れてはくれません。相手が受け止められない、受け取りたくないボールを何百球投げても、キャッチしてくれなければ、何の意味もないわけです。

しかし、多くの人は「言えば伝わる」と勘違いし、ひたすら自分の投げたいようにボールを放りつづけています。

せっかくなら、相手がしっかりと受け取るボールを投げたいもの。

では、どんなボールなら、喜んでくれるのでしょうか？

相手が自分から「聞きたい！」「知りたい！」と身を乗り出してくるのが、**相手の「価値」「関係」「関心」の3Kネタ**です。

人は結局、**「自分の価値」**か**「自分に関係のある話」**か**「自分が関心を持つこと」**しか聞き入れないのです。

価値　相手を認（みと）める、共感（かん）する、ほめる、感（かん）謝する

関係　カネ、身のまわりのこと、困りごと、役に立つこと、インパクトのあること

関心　人気（の人、モノ）、有名（な人、もの）、失敗、感情・心境（を動かすもの）、変化、ニュース、告白

この傍点部を組み合わせて、3Kネタを覚えやすくした方程式が、

図6-1　「相手が聞きたい話」覚え方

聞き手の**価値**

承認：気づき、認める
共感：相手に同感する
賞賛：ほめる、
　　　たたえる
感謝：存在や行動に
　　　感謝する

みかんほかん

聞き手に**関係**あること

損得：カネ、得や損に
　　　なること
身近：身のまわりのこと
悩み：困りごと
有益：役立つ、
　　　便利なこと
影響：インパクトのある
　　　こと

カネ回りに困る
役員

聞き手が**関心**を持つこと

流行：トレンド、流行り、人気
有名：有名な人や企業
失敗：困難をどう乗り越えたか
感情：心を揺さぶる話
変化：劇的な before/after
新奇：新しいこと、ニュース
告白：秘密、はじめて話すこと

人気の有名人が失敗して、
心境の変化をニュースで告白

- 〈価値〉みかんほかん
- 〈関係〉カネ回りに困る役員
- 〈関心〉人気の有名人が失敗して、心境の変化をニュースで告白です。

芸能人の不倫ネタはまさに人々が「関心」を持つ要素がテンコ盛り、ということですね。

コミュニケーションの大切なコンセプトとして、英語で「**What's in it for me?**」（WIIFM）というフレーズがあります。

「それって、私にどんなメリットがあるの?」という意味で、**徹底的に「聞き手」視点で組み立てなければならない**ということ。

「自分がしたい話」より、「相手が聞きたい話」を優先させる。

自慢話、説教話、昔話など、**自分がしたい話をとうとうとする「自己満足トーク」は絶対やめましょう。**

「自分視点」から「相手視点」に転換する

「自分が言いたいこと」から「相手が聞きたいこと」へ。

言葉を「価値変換マシーン」に通して、アップグレードするクセをつけてみませんか。

■うちの会社の金融商品について紹介します。

▼

あなたの資産をしっかり、増やす方法についてお教えします。

■うちの保険に入りませんか。

▼

御社の抱える重大リスクを減らす方法をお教えします。

■うちの会社は、こんな人材が欲しいんです。

▼

うちの会社では、こんな経験ができ、こんな人材になれます。

どうでしょうか？

自分にとって「価値」「関係」「関心」のある話を、相手にとって「価値」「関係」「関心」のある話に置き換えていく。

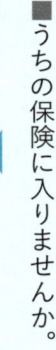

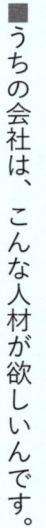

内容はじつはほぼ同じでも、導入やタイトルを変えていくだけで、セールスモードや押し付け感がなくなり、相手が聞きやすく、受け取りやすくなるのです。

ベゾス、ジョブズ……トップエリートが駆使するストーリー力

相手が喜んで聞いてくれる、むしろ「もっと聞きたい！」話に変える強力な方法があります。

それが物語、**「ストーリー」**です。

データ、ファクト、箇条書き、抽象的な標語言葉、心構え、訓示……。

そんなものにはほぼ心を動かされないけれど、**誰かの個人的な「ストーリー」なら、ついつい聞いてしまう**ことがありますよね。

「私の父は、生まれたとき……」

「私、じつは、昨日偶然ね……」

なんとなく、耳がピンと立ちませんか?

映画やドラマも、聖書も童話も誰かのストーリー。

人は「誰かの話」を聞くと、その主人公になり代わり、その話で起こったことを追体験するような気持ちになるのです。

「ストーリーを語る人」と「聞く人」の脳波は同期するなど、その効用にはさまざまなエビデンスがあります。

そうした驚異的な効果を知っている海外のエグゼクティブは、ストーリーをさまざまな場で語ります。

スタンフォード大学卒業式でスティーブ・ジョブズが語った個人的なストーリーの詰まったスピーチは有名ですね。

アマゾンのジェフ・ベゾスは、アメリカ議会の公聴会でこんな話をしています。

私の母ジャッキーは、ニューメキシコ州アルバカーキで17歳の高校生のときに私を産みました。(中略)

学業を続ける決意を固めた彼女は、夜間学校に入学。

子連れでの参加を許可してくれた教授の授業に、ダッフルバッグを2つ持って参加しました。

ひとつには教科書が詰め込まれ、もうひとつはおむつや哺乳瓶のほか、（おもちゃなど）私を数分間でも静かにさせられるものでいっぱいでした。

グーグルのスンダー・ピチャイCEOは卒業生へのスピーチで、こう語りました。

大学院に進学するために（インドから）アメリカに来るまで、コンピュータに触れる機会はありませんでした。

やっと手に入れたテレビも1チャンネルだけ。

父は、私がスタンフォード大学に通うために、1年分の給料に相当する金額をアメリカ行きの航空券につぎ込んでくれました。飛行機に乗るのは、そのときがはじめてでした。（中略）

アメリカは物価が高く、故郷への電話は1分2ドル以上したし、バックパックは父の月給と同じ値段でした。

日本の経営者の中では異色のパフォーマー、トヨタ自動車の豊田章男会長のこだわりは**「リアルストーリーを語る」**こと。

前述したアメリカのバブソン大学の卒業式でのスピーチもしかり、「一般論ではなく、物語にして語る」ことを常に心がけているそうです。

とくに大切にしているのが、即時性。

「1か月前の話をいましても仕方ない。今朝の話題を今日話す」ということを徹底しています。

苦労した話、成功した話、冒険した話、失敗した話など、**誰かの息遣いが聞こえるリアルストーリーは、聞き手の耳を「ダンボ」にする最強のツール**なのです。

「レストラン」ではなく「デニーズ」で
——五感をくすぐるディテールで聞き手を刺激する

大躍進を続ける世界的半導体メーカー、エヌビディアのＣＥＯで台湾系アメリカ人の起業家ジェンスン・ファンも、話が上手なことで知られ、数多くのストーリーを紡いでいます。

若いころの貴重な経験について聞かれて、こう答えました。

私はとても優秀な生徒でしたが、信じられないほど内気だったんです。そんな私の殻を破ってくれたのが、デニーズでのアルバイトでした。人と話さなければならないことに恐怖を感じました。お客さんには常に正しくあってほしいけれど、お客さんが常に正しいとは限らない。常に起きている状況に対して妥協点を見つけなければならないし、難しい状況もある。自分が犯すミスもあれば、厨房が犯すミスもある。

エヌビディア創業のアイデアは1993年、彼が友人と食事をしているときに生まれました。

その場所も「デニーズ」だったそうです。

みなさんご存じの丸亀製麺を傘下に持つトリドール。

海外にも大規模展開し、成長著しい会社ですが、その粟田貴也社長は「**人間磁石**」とも言えるような魅力的な方です。

私が主宰する「世界最高の話し方の学校」で特別講師としてお話しいただいた際に、海外進出のきっかけについて、こんな話を披露してくださいました。


たまたま私が2009年にはじめてハワイに行きましてね、もう田舎のお上りさんだったんで、嬉しくて、嬉しくて。

朝、散歩していたら、幹線の一歩裏の道にクヒオ通りというのがありまして、目の前にですね、平屋造りで、全面ガラス張りで、「For Sale」って書いてある空き店舗があったんですよ。

それを見たときにね、思ったんですよ。ここに製麺機を置いて、ここに釜を置いてやったら、人が入ってくるんじゃないかな、と。

はじめて香川で製麺所を見たときと同じような気持ちが高まっていって、ひらめいてしまいまして……。


終始、気取らず、ざっくばらん。聴衆はすっかり魅了されてしまいました。

また、私が記者としてお会いしたニデック（旧・日本電産）の創業者、永守重信さんにうかがった話は30年経っても、私の脳に鮮烈にこびりついています。

私の家は、とても貧乏だった。
小学校三年生のある日、近所の家に行ったら、チーズケーキとステーキが出された。それがあまりにおいしくて、その家がどんな商売をやっているのか聞いたら「社長だ」と。
だから、そのとき、「社長になろう」と決意したんだ。

つまらないデータやファクトは秒で忘れてしまうのに、こういうストーリーは何十年経っても、脳に刻印されたように心に残る。

それは**ストーリーが人の感情を揺さぶる**からです。

人はすべての意思決定を**「情報」（ロジック）ではなく、「感情」（フィーリング）**で行っています。

消費者がモノを買うという決断でさえ、「商品の特徴」など、データやファクトをロジカルに判断して下すのではなく、じつは「感情」で行っているのです。

ストーリーはまさに、そうした感情を動かし、意思決定に影響を与え、人を動かすスーパーパワーを持っています。

故郷ハルビンでは冬になると氷点下20度という酷寒の日が続きます。そんな中、祖父は毎日、自転車で小学生の私を1時間かけて学校まで送ってくれました。

私の「学校」に参加した中国出身の20代女性がこんな話をしてくれました。

話を聴いた皆の頭の中に、凍てつく厳冬下で、白い息を吐きながら、自転車をこぐ初老の男性と彼に必死でしがみつく少女の鮮やかな映像が、瞬間的に刻み込まれました。

ストーリーで大切なのが、「視覚」「聴覚」「嗅覚」「味覚」「触覚」……いわゆる五感をくすぐるディテールです。

「ダッフルバッグ」「バックパック」「デニーズ」「クヒオ通り」「チーズケーキ」「氷点下20度」……。

これが、たんに「母は苦労した」「物価が高かった」「あるレストランで」や「食事」「寒かった」だったら、どうでしょうか？　印象に残りませんよね。

こうしたディテールが、聞き手の頭の中に映像を映し出し、記憶を刻むのです。

話すときには**固有名詞、場所、状況など、生々しい描写の「シーン」**を入れてみてください。

唯一無二のストーリーのつくる「4つのC」
――最強テンプレは「英雄の旅」

有名な起業家であれば、語るべき話はあるかもしれないけれど、「自分はそんな山あり谷ありの経験はしていない」と遠慮している人は多いようです。

しかし、どんな人でも必ず「語るべきストーリー」をひとつやふたつ持っています。

だらだらと時系列に経歴や経験を並べ立てても、聞き手の心は揺さぶられません。

人をひきつけるストーリーは、次の「4つのC」という条件を満たしています。

●Conflict（葛藤、衝突）
●Climax（クライマックス）
●Change（変化）
●Contrast（変化の前と後との差）

失敗や挫折などの葛藤、敵とのコンフリクト（衝突）などを経て、クライマックスを迎え、大きなチェンジ（変化）を遂げる。

これが、映画や小説など面白いコンテンツの鉄板ですよね。

私はニューヨークのアクティングスクールなどでストーリーのつくり方・語り方を学びましたが、このときに教えられたのが、図6-2のような**「ストーリーアーク（弧）」**と言われる構成法でした。

この構成を活用した「ストーリーの方程式」で、

図6-2 ストーリーアーク

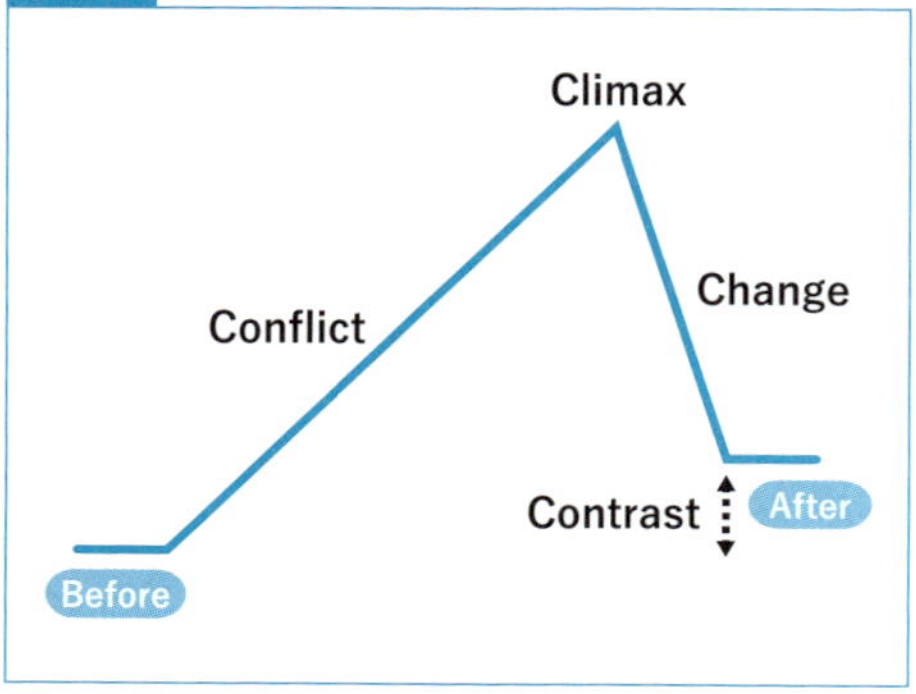

みなさんも「失敗」「挫折」「転機」など、**人生観を変えた自分自身の経験を「魅力ある話」にしてみましょう。**

Before　じつは私、昔は〇〇でした。
クライマックス　人生を変える経験、失敗、挫折、成功、転機
After　その後、こう変わりました。
気づき　□□ということを学びました。

たとえば、私のストーリーはこんな感じです。

Before
私は上がり症で、人前で話すのが本当に苦手だったんです。
クライマックス
そこで、10年前、コミュ力修業することを決意し、アメリカに渡りました。アン・ハサウェイが通ったというニューヨークのブロードウェーのアクティングス

タジオに通い、演劇を学びました。

最初はとにかく緊張しっぱなし。毎日、「逃げ出したい」と思いながら、赤レンガの壁に囲まれたスタジオで、腹の底から声を出し、無我夢中で体を動かしました。

After

すると、ちょうど1か月を過ぎたころ、ステージに立つ自分の中から、すっぽりと「羞恥心」が消えていることに気づきました。

気づき

コミュニケーションを上達させるのに必要なのは「恥の場数」だと学びました。

英雄が冒険（挑戦）をし、危機に勝利し、「新たな自分」になる。

これは物語学では有名な**「ヒーローズジャーニー」（Hero's Journey、英雄の旅）**というストーリーの王道テンプレート。

「Before → クライマックス → After → 気づき」の方程式で、みなさんでも案外、簡単にストーリーがつくれます。

朝礼、1分スピーチ、プレゼンなどでぜひ活用してみてください。

大切なのは、情報を羅列したり、要約したりするのではなく、**「コンフリクト」（葛藤）や「クライマックス」のシーンを、ドラマチックに「描写」する**こと。

そして、**チェンジ（変化）のあと、「Before」と「After」にコントラスト（落差）が生まれる**ことです。

「いじめられっ子」→「事業で大成功」

「超貧乏だった」→「大金持ちになった」

そんな「変身」のストーリー、みなさんも好きですよね。

相手の頭のスクリーンに、あなたのパーソナルストーリーを投影する。

その映像は、データや説教話より、うんと鮮烈に記憶に残るはずです。

COLUMN

エピソード、小噺で、脱〝説教〟

聖書や法話、イソップ童話、日本の昔話など、心に残る話はどれも、人や人になぞらえた動物が主人公になっていますよね。

こうした話の特徴は、**それを聞いた人が実際に絵を描ける**ことです。

キツネが、タヌキが、おじいさんが……という寓話であれば、ビビッドにイメージが浮かびますが、「○○してはいけない」「○○しろ」といった抽象的な行動指針は映像として頭に浮かびません。

○○がこういう行動をとって、結果的に成功した、失敗した、といった「誰かの話」のほうが、よほど興味をそそるもの。

ただ、「自分自身に面白いネタはないし、もうネタ切れ」と感じている人は、**誰かほかの人の話、歴史上の話などのエピソードでも十分、話は面白くなります**。

たとえば、以下のような小噺《こばなし》でも十分、関心を持ってもらえるでしょう。

例その❶ 1912年、大西洋上を航行中のタイタニック号は、その日朝から、付近を通るほかの船から5度、「行く手に大きな氷山がある」という警告の無線連絡を受けていました。

しかし、その警告はすべて無視されたのです。

例その❷ 1962年、ケネディ大統領がNASAを訪問した際、何をしているのかを尋ねられた清掃員は「人を月に送るお手伝いをしているのです」と答えたそうです。

例その❸ 2匹のネズミがクリームの入った器に落っこちました。

1匹目はすぐに諦めて、溺れ死に、もう1匹は必死でもがいているうちに、クリームがバターになり、そのネズミは抜け出すことができました。

「失敗を恐れずに、挑戦しましょう」

「自信を持って」

テイラー・スウィフトの超たとえ力
――言葉の解像度を上げる方法

「やる気を出して」などのありきたりの「説教」をするぐらいなら、「びっくり！」「ふむふむ」「なるほど」「へー」といった反応が相手から自然に出るような、**知って得するトリビアや豆知識、エピソード**を紹介してあげましょう。

会話の中で、**共通の知人の「噂話」**をすると、これも盛り上がりますよね。噂話は、人との関係性の潤滑油として、古代から機能してきたそうです。人は**「じつはあの人」話**が大好き。

悪口ではなく、ポジティブな内容の「誰かの話」や面白い小ネタを仕入れたら、こまめにメモしておくことをおすすめします。

「責任感を持ってがんばりましょう」

日本の教育現場や組織の中では、こうした道徳・標語言葉が多用されています。

「自分で考えよう」「報連相を徹底しろ」「できないは禁句」などといった「モチベーションを上げるため」とされるポスターがそこかしこに貼ってある会社もありますが、ネット上では、「働く人の心をむしばむパワハラ標語」「ポスターを破り捨てたら、内定辞退者が激減した」などと散々な評判です。

「上位の者が下位のものに心得を言い渡す」という意味の「**訓示**」**も、抽象的な言葉の羅列である標語言葉のポスターも、もはや「時代遅れ」**。

「有言実行」「初志貫徹」などと書かれた習字作品を見て、「よし、やろう！」「そうだ！」と奮起する人はなかなかいないでしょう。

具体的に何をしたらいいのかわからない抽象的な言葉は、並べるだけムダ。

もう少し、解像度・画素数を上げて、もっと「**実際の行動に出やすい言葉**」にしてみませんか。

聞いた瞬間、何をやるのかが見える、シーンが浮かぶなど、**心に残り、実現に移しやすい「再現性が高い言葉」**に変えていきましょう。

言葉の解像度を上げるためには、先ほど紹介した**ストーリー**や**エピソード**、**具体例**、そして**比喩**や**たとえ話**がおすすめです。

たとえば、世界的人気を誇る歌手、テイラー・スウィフトは2022年、ニューヨーク大学の卒業式でのスピーチで、こんな言葉を残しています。

今日ここにいる私たちは、誰ひとりとして、ひとりで成し遂げてきたわけではありません。

私たちはそれぞれ、私たちを愛してくれた人たち、私たちの未来を信じてくれた人たち、私たちに共感と優しさを示してくれた人たち、あるいは耳障りな真実を教えてくれた人たちの**パッチワークキルト**です。

たんに「感謝しましょう」ではなく、具体的な人たちを想起させ、「彼らによって生かされている自分」に気づくように伝えたわけですが、「パッチワークキルト」というユニークな比喩を使っています。

また、こうも言いました。

成長し、人生の新たな章に進むということは、**キャッチ・アンド・リリース**のようなものです。
つまり、どんなものを持ちつづけ、どんなものを手放すかを知ること。(中略)
何が自分のものかを決め、残りは手放してください。

「キャッチ・アンド・リリース」

釣りで使われる言葉ですが、面白いたとえですね。

比喩は、聞き手の頭にその情景を思い浮かべさせる「魔法の武器」。

ただ、辞書にあるようなありきたりの比喩では、まったく刺さりません。

ユニークで、誰も聞いたことのないような**「免疫のない」比喩**を「頭がちぎれるほど」考えてみてください。

「要するに＋たとえば」セットで、「納得」は生まれる

昨今、多くの会社で、**「パーパス」**が大ブームです。

「社会やステークホルダーに対してどのように貢献をしていくのか」という「パーパス」を定義し、それをもとに経営するということ。

「新たな価値を創造し、お客様や社会の豊かな未来を花開かせる」

「人々の生活の質を高める」

「人々を幸せにする仕事」

大方針ということですから、もともと非常に抽象的なわけですが、社員にそのまま伝えて、「さあ、これを実現しましょう」と言うだけで終わらせる社長が多いので、困りものです。

「未来を花開かせる」とか「人々を笑顔にする」なんていう、次元の高い、「抽象的な言葉」を言われても、聞き手は誰も、自分のこととは思えませんし、「自分ができる」「やらなくちゃ」という感覚も持てません。

「素晴らしい」「美しい」などの**「い」で終わる形容詞**や、「イノベーション」「DX（デジタルトランスフォーメーション）」「ソリューション」などの**カタカナビジネス用語**も、**解像度が低く、要注意**です。

「抽象的な言葉」は**具体的な事例**や**エピソード**、**スローガン**、もしくは**映像などを添えてこそ、輪郭が明確**になります。

抽象

お客様の豊かな未来をつくる。

↓

具体

それはたとえば、お客様が、当社の金融サービスを通じて、株などの運用を行い、資産を増やし、車や家を買い、老後の蓄えをつくる。そんなお金の心配のない暮らしを実現するお手伝いをしていくことです。そのためには……。

などといった解説を加えれば、自分がその「パーパス」を実現するために、どういう役割を果たせるのかを理解しやすくなります。

「抽象的な言葉」と「具体的な言葉」の違いは図6-3のとおりですが、ざっくり言って、前者は**「要するに」**、後者は**「たとえば」**に続く言葉と考えてもいいでしょう。

抽象＝要するに

健康的な食生活を送りましょう。

具体＝たとえば

毎日野菜を350gとりましょう。ちなみに、ほうれんそうのおひたしの小鉢が70g。その5皿分です。

「ストーリー」のところで紹介したように、「ディテール」があるほど映像が浮かびやすくなりますから、

「野菜」の代わりに「ほうれんそう」

「花」より「真紅のバラ」

図6-3 「抽象的な言葉」と「具体的な言葉」の違い

抽象的な言葉	具体的な言葉
映像が浮かばない(可視化しにくい)	映像が浮かぶ(可視化しやすい)
解釈の自由度が高い	解釈の自由度が低い
大きな理想	確実な実行
理論・基本原理・哲学・理念・コンセプト・方向性・長期目標・スローガン・キーメッセージ	具体的事象・事例・実際のアクション・行動指針
要するに	**たとえば**
あるべき姿　to be	やること　to do

「アイス」ではなく「ピノ」というふうに、**焦点は絞り込むほど、解像度が上がります**。

地図全体を見せる「抽象的な言葉」、目的地にフォーカスを当てる「具体的な言葉」。**全体(抽象)と個別(具体)はセットになってこそ、「なるほど!」が生まれる**のです。

第7章

話を100倍面白く！聞き手と心をつなげる魔法のコツ

コミュニケーションには次の3つの段階があります。

「伝える」→「伝わる」→「つながる」


ただ言いたいことを言って、自分の話を**「伝える」**だけの第1段階。

伝えた話を受け止めてもらい、理解してもらう**「伝わる」**が第2段階。

さらに言葉のキャッチボールをしながら、心が**「つながる」**第3段階まで高めていくのが理想です。

話の骨格づくりと肉付け法を学んできましたが、ここからはいよいよ話を完成させる最終段階です。

この章では、まさに第3段階の**「心をつなげる」話法**を学びます。

話をもっと面白くして、説得力を高める方法、聞き手を巻き込み、その心を動かす裏ワザをお教えしましょう。

聞き手の心を引き寄せる極上の「つかみ」とは

「おみくじフレームワーク」について紹介した際、オープニングに含まれる要素として、

- **あいさつ**
- **つかみ**
- **自己紹介**
- **キーメッセージ（結論）**

を挙げました（123ページ）。この「つかみ」は**「アイスブレーカー」**とも呼ばれ、話し手と聞き手の間に横たわる厚い氷の壁をぶち破る仕掛け。

いきなり、キーメッセージや本題に入るのではなく、冒頭、聞き手の心をひきつける「つかみ」を挿入することをおすすめしています。

なぜ、これが必要かといえば、**人前での話は「冒頭」と「最後」の部分が、聞き手の**

心に最も残りやすいとされるからです。

情報過多のいま、現代人の集中力は極端に低下しています。

一説によれば、8秒しかなく、金魚の集中力より短いのだとか。

最初の数秒で、つまらなければ、「スワイプ」されて、次のコンテンツへ。

ですから、始まった瞬間に「面白そうだ」と思われなければ、聴衆はその後、きっと上の空。

だからこそ、**人前での話は、最初の30秒のインパクトが大切**です。

「アイスブレーカー」には、じつは100以上の方法がありますが、とくに「使える」手法を紹介しましょう。

聞き手の心を引き寄せる「つかみ」術❶

質問・問いかけはオープニングの超定番

話の冒頭に、質問や問いかけを入れる。これは「つかみ」の鉄板ですね。

物事がうまくいかなかったときに、それをどう説明しますか？

あるいは、常識をすべてひっくり返すようなことを誰かが成し遂げたときに、それをどう説明するでしょう？


アメリカの有名な作家、サイモン・シネックはTEDスピーチ「優れたリーダーはどうやって行動を促すか」をこう切り出しました。


一生を通して私たちを健康で幸福にしてくれるのは何でしょう？

最高の未来の自分に投資するなら、自分の時間とエネルギーを何に使いますか？


「人生を幸せにするのは何？」というスピーチで、このように口火を切ったのが幸福についての研究で有名なハーバード大学のロバート・ウォルディンガー教授でした。

ちなみに、人を幸せにする最も重要な要因、それはお金でも仕事の成功でもなく、**「よい人間関係」**。

これに尽きるそうです。

聞き手の心を引き寄せる「つかみ」術❷

自信がある人は「ユーモア」で勝負

2024年4月、アメリカを訪問した岸田文雄前首相は、日米首脳公式晩餐会の席でのスピーチで、

外交スタッフに言われたんです。

「これまで、（岸田さんの）スピーチが短すぎると文句を言った人は誰もいませんでしたよ」と。

ですから、私のスピーチを短くしておきましょう。


と述べ、笑いを誘いました。

半導体のエヌビディアのファンCEOは、大規模なコンファレンスの冒頭、

みなさんがこの席をコンサートだと誤解しないといいのですが……。

みなさんが来たのは、科学とアルゴリズムと数学であふれた開発者向けのコンファレンスですよ。

と話しはじめて、会場は笑いの渦に。

話し手にとって、「つかみ」がウケることは、何より嬉しいわけですが、これがじつにハードルが高い。とくに、海外に比べて日本のオーディエンスは反応が薄いので、岸田前首相のスピーチも日本であれば、笑いはとれなかったでしょう。

うまくいかなかったときの精神的ダメージを考えると、ウケ狙いはあまりおすすめしません。

私もお笑いのライブなどにひたすら通い、ようやく笑いをとれるようになりましたが、限界突破で、「吹っ切れる」必要があります。

自分にはセンスがあると自信がある人か、もしくは、必ずウケる鉄板ネタがある人以外は、ほかの方法で、相手を楽しませましょう。

聞き手の心を引き寄せる「つかみ」術❸

「意外な話」「じつは私……」でサプライズ

インパクト重視といえば、まさにこれ。

驚きを誘い、植えつけることで、聴衆の記憶に内容が残りやすくなります。

残念なことに、私が話すこの18分間に、4人のアメリカ人が、食べ物が原因で亡くなるのです。

イギリスの有名シェフ、ジェイミー・オリヴァーのスピーチのこのオープニングは、世界的にも大変よく知られています。

「へぇ〜」が飛び出す**想定外な事実、驚きのデータ、数字、大胆な宣言、告白**。

たとえば、こんな感じです。

世界から「色」が消えているのをご存じですか？
かつては、生産される車の5割強が、赤や青などカラフルな色の車でした。真っ赤や真っ青な車、多かったですよねえ。
いま、その割合は3割弱。7割強は黒や白、グレーといった色になっています。

「じつは私……」

これだけでも、聴衆が息をのむ幕開けになります。

じつは私、こうやってみなさんの前で楽しそうにお話ししていますが、10年前までは、人前で話すのが本当に苦手でした。
「美容師さんと何をしゃべればいいのか……」と考えると、美容院にも行きたくなくなるほどでした。

私も、こんなふうに話をすることがあります。

「意外な話」「ギャップ萌え」で聴衆の心をつかみましょう。

聞き手の心を引き寄せる「つかみ」術④
ストーリー・エピソード・情景描写で始める

情景描写やストーリーで始める方法もあります。テイラー・スウィフトは、前述（194ページ）のスピーチをこのようなエピソードから始めました。

私はテイラーです。

前回、これぐらい大きなスタジアムにいたときは、ヒールを履いてキラキラのレオタードを着て踊っていました。

今回の衣装は、ずっと快適です。

また、いきいきとした情景描写で始まることで有名なのが、アメリカの有名タレント、オプラ・ウィンフリーの2018年ゴールデングローブ賞の授賞式でのスピーチです。


1964年、私はミルウォーキーの母の家のリノリウムの床に座り、第36回アカデミー賞でアン・バンクロフトが主演男優賞を発表する姿を見守っていました。

彼女は封筒を開け、文字どおり歴史に残る5つの言葉を発しました。

「受賞者はシドニー・ポワチエです」と。

ステージに上がったのは、私がいままで見た中で最もエレガントな男性。ネクタイは白で、もちろん肌は黒色。

私は、それまで、黒人がそのように祝福されるのを見たことがありませんでした。


いきいきとした情景描写で、まるで紙芝居を見せているように話す。話し手と聞き手が「物語」を共有し、一緒に「旅」をする。

そこに、**心地よい「一体感」が生まれる**のです。

聞き手の心を引き寄せる「つかみ」術⑤

有名なセリフや言葉を引用する

有名なセリフや引用、格言で始める手法もあります。

スティーブ・ジョブズは、かつて言いました。
「素晴らしい仕事をする唯一の方法は、自分がやることを愛することだ」と。

「成功があがりでもなければ、失敗が終わりでもない。肝心なのは、続ける勇気である」
これはイギリスの名宰相ウィンストン・チャーチルの言葉です。

＊

これら5つの「つかみ」は、**主題やキーメッセージに関連のあるもの**にしたうえで、最後の結論、つまり**オチで、きれいに回収**すれば、がぜん納得感のある話になります。

COLUMN

世にも美しい18歳の卒業式辞

ブラジルの1匹の蝶の羽ばたきは、巡り巡ってアメリカ・テキサス州のハリケーンの原因となりうるでしょうか。

2024年3月、東京都国立市にある桐朋高校の卒業式で、代表の土田淳真さんはこんな印象的なつかみで、世にも美しいその答辞の口火を切りました。

小さな出来事が誰も予想していなかった大きな結果をもたらすことを意味する「バタフライエフェクト」に始まったスピーチで徹頭徹尾、駆使されたのが「風」にまつわるメタファー（隠喩）でした。

78期は常に風と共に歩んできました。

2019年4月1日、「平成」に替わる新元号「令和」の発表。出典の万葉集に曰く、「初春の令月にして、気淑《よ》く風和らぎ……」しかし、令和最初に吹いた「風」は通常の「風邪」を遥かに凌駕した未知の感染症でした。

コロナ禍を乗り越えた学年として、いやそうでなくとも78期として言わせてほしい。逆風を味わうことができるのは、前に進む者だけだ、と。

さらに僕たちはそう遠くない未来、風を受ける側から風をおこす側になるでしょう。

1匹の蝶でさえハリケーンを引き起こすなら、293羽の大鵬（想像上の大鳥）は何をもたらすのでしょうか。

僕たちがおこす風もまた、曖昧な他者を融合させ誰かの「そうぞう」の一助となると信じています。

流麗で、名言の詰まった文章には、78期生293人全員の氏名と、担任団の先生方の氏名から1文字ずつとって組み込むという凝りよう。

CreationとImaginationが同じ「そうぞう」という音なのは日本語の奇跡としか言いようがありませんが、僕達にとってこの両者はもはや同一でした。

そしてまたこれも言葉の綾ですが「そうぞう」はえてして騒々しい。

など、巧みな表現力は多くの人の心を揺さぶりました。

聞く人を秒で眠りに誘い込むスピーチを連発している日本の社長さんはぜひ、この青年の爪の垢を煎じて飲んでいただきたいもの。

こうした文章を書くコツとして、土田さんは、朝日新聞ＥduＡのサイトのインタビューに次のように答えています。

ぼくの書いたこの「答辞」だって「連想ゲーム」が生み出したものです。

最初に思いついたのは学年目標の「大鵬たれ」という言葉です。

「大鵬たれ」といえば、そういえば同級生が作成する学年通信の名が「馬鹿たれ」だったなあ……。

「馬鹿」といえば、「馬鹿は風邪を引かない」という慣用表現やスティーブ・ジョブズの"Stay hungry, Stay foolish"という演説文句が思い浮かべられます。

そして、「馬鹿は風邪を引かない」の「風邪」といえば、同じ読みでビュービューと吹き付ける「風」がある……。

それならば、「風邪」と「風」を結びつけてコロナ禍の話につなげることができるな……。

そんなふうにして答辞の構想を膨らませていったのです。

月並みな言葉や抽象語で終わらせず、「連想ゲーム」で、発想のジャンルを広げ、制約を取っ払った言葉を選ぶ。

まさに「想像力」が「創造力」を生むというわけですね。

スピーチをフェスにする!?場を盛り上げる最強の「つかみ」5選

「つかみ」はまさに、**聴衆のハートを「わしづかみ」にするスキル**。

ここでは、相手を〝脳死〟させてしまうつまらない「説教」や「訓示」のような話を、まるで、コンサートやフェスのようなワクワクする場にグレードアップする、**ワンランク上の「つかみ」**を5つお教えします。

聴衆を巻き込み、会場の一体感を高め、連帯感を醸成していく方法です。

❶会場参加型のアクティビティ

「隣の人と○○についてお話ししてみてください」

「立ち上がって、こうして手を広げてみてください」

「私の言うとおりに、絵を描いてみましょう」

など、会場の参加者に何らかのアクティビティに参加してもらう手法です。

基本、**誰も「あなたのつまらない話」を一方的に聞かされたくはない**のです。

聞き手に積極的に「輪」に入ってもらって、当事者意識を持ってもらいましょう。

何か発言してもらったり、体を動かしてもらったりすることで、より聞き手の感情を刺激し、心を動かしやすくなります。

❷トリビアや「あるある」

「貧乏ゆすりは一日800キロカロリー消費する」

「人にやってあげたことは、してもらったことの35倍覚えている」

「息を吸うようにマウントしてくる人、いますよね～」

など、「トリビア」や「あるある」ネタで「へ～」「意外」「知らなかった」「わかる」「うんうん」「ふむふむ」を獲得し、小さな「共感」を貯金していくやり方です。

❸クイズ

「兵庫県は、あるものがじつは日本一多いそうです。それは何でしょう？」

神戸で開かれた講演会の冒頭で、私は聴衆にこんなクイズを投げかけました。
新神戸駅から、港近くにあったホテルまで乗った路線バスの中で、観光ガイドさんが教えてくれた話をそのままパクりました。

「正解は『ゴルフ場』だそうです。じつは兵庫は日本のゴルフ場発祥の地。このホテルに来るために乗ったバスのガイドさんがそんな話をしていました。ただ、調べると、いまは千葉県に抜かれて、全国2位のようですね」

などというオチもつけて紹介したら、みなさん、楽しそうな表情を見せてくださいました。

❹映像を見せる、モノを見せる、小道具（プロップ）を使う

「言葉」は強力な武器ですが、非力な側面もあります。話し方によっては聞き取りにくく、理解できなかったり、心に残りにくかったり。

一方、ビジュアルなものを見せられると、あっという間に映像が頭に刻まれます。

これは、**「Picture superiority effect」（画像優位性効果）**と呼ばれ、**言葉より画像のほうが記憶に残りやすい現象**を指します。

とくに最近は、活字を読むより、YouTubeやInstagramで情報収集する人も多いですよね。

そんな**現代人には、視覚的にアピールする**ことが大切。

絵や写真や動画で見せる、もしくは現物、商品など、何か実際のモノを見せるなどの方法があります。

ほかにも英語で**「プロップ」と呼ばれる小道具**を使って、印象付けるやり方も効果的です。

マラリア撲滅活動を続けるビル・ゲイツは、プレゼンのステージに「ガラスの瓶」を持ち込んで、こう言いました。

みなさん、マラリアは蚊を媒介して広がることをご存じですよね。
今日はここに「蚊」を連れてきました。
では、その蚊を放してみましょう。

そして、瓶のふたを開けたのです。会場はいっせいにどよめきました。

2008年、スティーブ・ジョブズは、発表会で、マニラ封筒の中から、新しいマックブック・エアを取り出し、その薄さをアピールしました。

小道具などを使って、サプライズの場面を演出することで、聞き手を楽しませ、記憶に残すことができます。

一流のエリートは人前での話を「一流のエンターテインメント」にするのです。

⑤コール＆レスポンス

これは、普通のプレゼンなどでやるには難易度が高いのですが、社員集会など、参加者の連帯感を高めたいときに、ぜひ試していただきたい小ワザです。

「『〇〇』と言いますから、それに『△△』と答えてくださいね～」という取り決めをして、やりとりします。

私が主宰する「世界最高の話し方の学校」の集まりなどで、私が「世界～？」と呼びかけ、生徒が「さいこ～」などと答えるやりとりをして、盛り上がりました。

「コール（呼びかけ）＆レスポンス（応対）」は音楽用語の「掛け合い」という意味ですが、まさに、話し手と聞き手が「セッション」をするように、コミュニケーションを重ねていきましょう。

＊

とにかく**「すぐに飽きてしまう現代人の脳」は刺激を求めています**。

これらのアイスブレーカーは、プレゼンやスピーチの冒頭だけではなく、話の途中でも、どんどん活用してみてください。

つまらない話攻撃で相手を脳死させるのではなく、聞き手の脳を繰り返し刺激し、ステルス的に脳を覚醒させていくのです。

「あなたに」ではなく「あなたと」。プレゼンは対話である

「人前で話す」＝「話し手が、聞き手に自分の伝えたい情報を伝えること」ではありません。

人は自分が求めていない、聞きたくない情報を喜んで聞いてくれるほど、お人よしで

はないのです。

一方的に押し付けられる話をみなさんは聞き、理解しようとしますか？

耳をふさぎたくなるだけですよね。

相手の心を動かすコミュニケーションは、一方的なものではなく、インタラクティブ（双方向）の「対話」であると心得ましょう。

お笑い芸人の中田敦彦さんが、私の著作『世界最高の話し方』を「YouTube大学」で取り上げてくださったとき、こう表現しました。


会話って餅つきみたいなもんですよね。

（相手のリアクションを確認せずに話すのは）相方が餅をひっくり返しているのを確認しないまま、ノールックでひたすら杵をついているようなもん。

会話って、相づちなんですよ。相手の杵と息を合わせる。リアクションを待つ。


よく会話は「キャッチボール」にたとえられたりもしますが、**コミュニケーションは基本的に「相手との共同作業」**です。一方だけがボールを投げつづけたり、杵をつきつづけたりすることではありません。

これは、「人前での話し方」でも同じ。たとえプレゼンやスピーチであっても、**「独演会」ではなく「対話」**と考えてください。

一方的にしゃべり倒すのではなく、**目の前の一人ひとりと対話する。「あなたに」話すのではなく、「あなたと」話す**のです。

ふたりの「あきら」のカネの法則

私はこれまで数多くの経営者に話し方を伝授してきましたが、**「独演会」タイプが圧倒的に多いのが実情**です。

ですがそれは、ひたすら、目の前の壁に向かってボールを投げつづける「壁打ち」のようなもの。

その壁を壊し、その**向こう側にいる聴衆と「ラリー」をしてほしい**のです。聞き手を置き去りにせず、むしろ巻き込んで「対話」をしながら、心をつなげていく。

1対多数で話す場合、これはなかなか難しいことのように思われますが、簡単にできる方法があります。

それが、コミュニケーションの達人、おなじみの**池上彰さん**とジャパネットたかたの創業者**髙田明さん**の話し方からヒントを得た**「ふたりのあきらのカネの法則」**です。

おふたりの話し方をよく聞いていると、**語尾が「か」か「ね」で終わっていることが多い**ことに気づきます。

「そうですよね」「そう思いませんか」「いかがですか」「欲しくなりますよね」といった具合です。

つまり、**聞き手にダイレクトに問いかけ、呼びかけをしている**のです。

これまで、みなさんはこんな感じで話していたかもしれません。

老後の生活資金として、2000万円が必要と言われていますが、最近では単身者で約3000万円以上、夫婦で約5000万円以上の金額が必要ともされています。

しかし、この低金利時代、預金だけでは、なかなか資産を増やしていくことができません。

やはり、投資が必要です。

「カネの法則」を使うと、こう変わります。


みなさん、「老後2000万円問題」ってお聞きになったことありますか？

じつは2000万円じゃ足りないんですね。

最近では単身者で約3000万円以上、夫婦で約5000万円以上の金額が必要なんてデータもあるんです。ご存じでしたか？

では、どうやって、資産を増やすのか？

いま、超低金利ですよね。預金ではまったく増えません。

やはり、積極的な投資が必要なんです。


どうですか？

ライブ感・直球感が出て、実際に自分に話しかけられている感じがしませんか？

ただし、「か」「ね」は、使いすぎるとうっとうしくなるので、注意しながら適度に活用していきましょう。

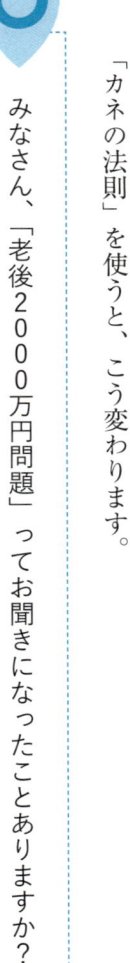

「。」と「？」の黄金比がある
――「すうどん」と「かけうどん」を使い分ける

堅苦しい「書き言葉」を読み上げるように話すのではなく、**やわらかい口語体の「話し言葉」で直接的に問いかけ、語りかける**ように話す。

これが「対話式話し方」のポイントです。

人を魅了する話し方の特徴は、この「問いかけ」が数多く入っていることです。

「〇〇です。」の代わりに「〇〇でしょうか？」

「〇〇します。」の代わりに「〇〇しますよね？」

というように、**「。」ではなく「？」マークで終わらせる**。

人気のあったTEDトークを調べたところ、「。」が5つに対して、「？」が1つあったそうです。

「6つセンテンスがあれば、1回は質問・問いかけ調で話しかけよう」ということになります。

●ます。です。
＝「す」で終わらせ、言い切る「す」うどん方式

●ますよね？
●ですか？
●でしょうか？
●ませんか？
＝問いかける、呼びかける、話しかける「かけ」うどん方式

と命名してみました。
この2種類のうどん、名前は異なりますが、じつは同じものなのだそうです。

「かけ」うどん方式には、

★「質問」をして、聴衆を指名し、実際に答えてもらう
★「問いかけ」て、聴衆に考えてもらう（聴衆は答えず、話し手が答えたりする）

という2つのパターンがあります。
また、質問や問いかけの種類としては、

★YesかNoで答えられる「クローズドクエスチョン」
★「何が？」「どこ？」というように、答えが複数ある「オープンクエスチョン」

の2つがあります。
これらを上手にかけ合わせて、使ってくださいね。

なぜ「かけ」うどん方式がおすすめなのか

「みなさんのコミュニケーションのお悩みは何でしょうか？」

「みなさん、雑談はお得意ですか？」

私がセミナーの冒頭でよく問いかける質問です。

なぜ、こうした、問い〝かけ〟うどんスタイルは効果的なのでしょうか？


それは、**聞き手の頭の中に「真空状態」をつくる**からです。


「あなたの生きがいは何ですか？」

「話し方において、最も大切なことは何でしょう？」

たとえば、みなさんがこんな質問をされたら、「はて？　何だろう？」と一瞬、頭の中に空白ができませんか？

その真空状態を埋めようと、脳みそが必死に答えを探そうとし、緊張感が生まれます。

そこで、すかさず、「じつは生きがいとは……」「話し方において大事なのは……」と答えを与える。

相手の脳は、まるで真空パックを開けた瞬間に空気を吸い込むように、その答えを取り込んでいくことでしょう。そして、聞き手の緊張は緩和し、安心します。

情報は相手の頭の中に「押し込む」とか「詰め込む」ものではなく、相手が自分から頭の中に「引き込む」ものです。

「質問」によって、相手の脳に空白をつくり、答えによって、埋めてあげる。

まさに、自ら答えを「引き込む」状態をつくることができます。そして、相手の心に「ドキドキ」と「ホッ」という「緊張と緩和」を生み出すのです。

ただ一方的にしゃべりつづける人の話を聞くのは苦痛ですよね。そして、何の緊張感も覚えないでしょう。

ですが、**「いつか質問を投げかけられるかも」**と思ったら、居眠りなんかしていられません。

聞き手にも考えてもらう、手を挙げてもらう、実際に答えてもらう……。

相手を巻き込み、一緒に考えさせ、その脳を活性化することで、話の内容を理解し、共感してもらいやすくなります。

たんに「話す」のではなく「話しかける」。

この小さな工夫だけで、説得力は飛躍的に上がります。

「ここがポイント！」大切な言葉の前にフラッグを立てる方法

とにかく、だらだらしゃべりが多い日本人。

情報が多すぎて、何がポイントかが伝わらない話を、「なるほど、ここが大切なんだ！」とあっという間にわかってもらう**「魔法の言葉」**があります。

❶私は教育、福祉、そして経済対策に力を入れたいと考えています。

❷私が力を入れる施策は3つあります。
ひとつめが教育、2つめが福祉、そして3つめが経済対策です。

どちらも同じことを言っていますが、じつは❷のほうが相手の記憶に残りやすい話し方です。

❶のように急ぎ足でポイントを話されると、あっという間に情報が流れてしまいます。あとで「あれ？　何だったっけ」となりやすいのです。

カギは**「私はこれから大切なことを言いますから、ここからは頭の中の録音スイッチをオンにしてね」**と、**事前に「警告」する言葉を入れる**ことです。

「ここ注目ね」と**「フラッグ（旗）となる言葉」**を先に立てることで、そのあとの話を注意深く聞いてもらえるようになります。

「フラッグ言葉」のあと、重要なポイントを話す前に、**2秒ほどの「間《ま》」を入れて話すと、さらに効果的**です。

「フラッグ言葉」には、次のようなものがあります。

- **本日、ぜひ持ち帰っていただきたいポイント。（間）それは……**
- **ここからがポイントです。（間）**
- **本日の大切なキーワードは、（間）**

●ポイント（結論）は3つあります。（間）
●ちょっと考えてみてください。（間）
●想像してみてください。（間）

「ここからが一番重要ですよ」

そう知らせてあげることで、聞き手の耳はピンと立ち、頭の中にノートとペンを用意してくれるようになるのです。

「ホコリ」を徹底的に落とせ！
言葉の大掃除大作戦

これまで何千人というエグゼクティブの話し方の家庭教師をしてきましたが、最近の日本人の話し方に「ある深刻な問題」が発生していることに気づきました。

言葉に「ホコリ」が大量に付着しているのです。

たとえば、こんな話し方。

×

本日はお忙しいところ、お越しいただき、あー、大変、ありがとうございます。

ただいまご紹介にあずかりました岡本と申します。

本日は、えー、「□□□」についてお話しさせていただきたいと思っております。このような機会をいただき、はい、大変ありがたく思っております。

慣れない席で、とても緊張しております。

どうかお許しいただき、この内容についてご理解いただいたうえで、えー、何かひとつでも持ち帰っていただけますと、嬉しいなと思っております。

まず、○○についてお話しさせていただいたあと、次に△△についてお話しさせていただき、あー、最後に××についてお話しさせていただきます。

それでは、始めさせていただきたいと思います。どうぞ、よろしくお願いいたします。


この文章、じつはほとんど「ホコリ」です。それを落とすと次のようになりますね。

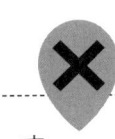

みなさん、こんにちは。お越しいただき、ありがとうございます。
本日は「□□□」についてお話しします。○○、△△、そして××と進めていきます。

これで十分なのですが、先ほどの話し方はいろいろな「ホコリ」が大量発生し、長〜いあいさつになってしまっています。
どれが「ホコリ」か。たとえば、

●**「ただいまご紹介にあずかりました」**
↓もう紹介されているのであれば、繰り返す必要はないですよね。

●**「慣れない席で、とても緊張しております」**
↓緊張感を笑いにして、聴衆を和ませるのであればOKですが、逆に、会場全体をナーバスな空気に包んでしまう可能性もあるので、要注意です。

● **「この内容についてご理解いただいたうえで、何かひとつでも持ち帰って」**
→「聞き手に内容を理解してもらう」のは、話し方を改善することで実現するのであって、頼み込んでどうにかなるものではありません。

● **「〇〇させていただきます」の羅列**
→「させていただく」は相手の了解をとる言葉ですが、そこまでへりくだる必要はありません。また、これを繰り返すことで、話が冗長になってしまいます。

● **「と思います」**
→断定を避け、責任を回避しようという心理の表れかもしれません。「ヘッジング」と言われる、リスクヘッジの話法ですが、この言葉をつけることで、回りくどく、決断力が低いとみなされます。

● **「あー」「えー」「はい」といったfiller words（間を埋める言葉）**

「させていただく」「思います」は、もはや国民病のレベルで蔓延しています。

一度や二度程度であれば、問題ありませんが、ほぼすべてのセンテンスに入っているなど、クセになっている人も少なくありません。

これらは気づかずに使ってしまっている場合も多いので、**スマホで自分のしゃべりを録画して見直し、どれぐらい、どんな言葉を使っているのか、自分のクセに気づく**ところから始めましょう。

「強いリーダーシップを印象付けたい」と思うのであれば、こうした「ホコリ」はいっきに吹き落とし、すっきりと言い切るスタイルを身につけていきましょう。

COLUMN

見やすい、わかりやすいプレゼン・スライドのつくり方

話の内容がごちゃごちゃしているだけではなく、プレゼン・スライドも情報過多でわかりにくいものが多く、トップのプレゼン指導をする私は毎回、頭を抱えています。

写真も絵も文字もてんこ盛りで、まるで曼荼羅《まんだら》絵図のよう！

スライドの作成やデザインに関するノウハウは無数にありますが、ここでは、エッセンスだけ紹介します。

❶配置

聞き手にとっては、多くの情報がスライド上のあちこちに散らばり、どこを見たらいいのかわからない状態が一番不快です。

通常、**聞き手の視線は左から右、上から下へと動きます**。スライド上の情報は、視線が動く順番に合わせて配置し、その順番に沿って話していきましょう。

❷文字数

スライドに情報を入れておけば伝わるだろうと大量の情報を入れ込む傾向がありますが、多ければ多いほど、伝わりません。

フォントサイズは24ポイント以上、**1スライドの文字数は英語で30～40語とされているので、日本語であれば、60～80文字、それ以下が読みやすいでしょう**。ちなみにこの青字の部分で54文字。かなり少ないですよね。

❸フォント

フォントは太字と細字の差がわかりやすい、「游ゴシック」「メイリオ」などがおすすめです。

❹色

文字や図表で色を使いすぎず、できれば3色ぐらいに抑えましょう。

❺写真やイラスト、アイコン

たくさん入れればいいというものではありません。

ぎゅうぎゅう詰め込まず、美しく余白を残しましょう。

おわりに

日進月歩で進化するＡＩはコミュニケーションの常識をこれから大きく変えていくでしょう。翻訳や要約、リサーチ、起案、資料作成、さらには会話など、ＡＩの活用範囲は無限大です。

その進歩たるや著しく、人間並みの会話テクニックを身につけたチャットボットまで登場しています。

批判や不平不満を言わない、上手にほめる、共感する、相手の言葉を繰り返す（ミラーリング）、質問する、など傾聴のテクニックを縦横無尽に使い、アメリカ最強の「コミュニケーションのノウハウ本」を丸暗記したような優等生ぶりです。

人が犬やロボット、キャラクターに愛着を持つように、人の感情を理解し、人に寄り添うことができるＡＩが人の代わりに友達やパートナー、仲間になるという現象も生まれてくるかもしれません。

電話やネット上でのカスタマー・サービス、接客等、これまで人が行ってきたサービスの多くがＡＩに置き換えられていくと考えられますが、人前で話すときの準備の段階でも、ＡＩは大いに活用できます。

たとえば、スピーチのネタ探し、スピーチそのものの作成、プレゼン資料作成、キーメッセージやプレゼンタイトルの策定、スピーチの練習など、幅広く役立てることができるでしょう。

一方で、人間にチップが埋め込まれ、コミュニケーションをその人に代わって行うという時代が来るまでは、まだまだ、人が、人前で話す行為そのものの重要性が失われることはないはず（と信じたいもの）です。

つまり、**人前で話す力はＡＩ時代の砦**ということ。

ビジネス特化型ＳＮＳのLinkedInが発表した２０２４年版「最も求められるスキル」は次のようなものでした。

10位　リサーチ力
9位　問題解決力
8位　セールス力
7位　チームワーク力
6位　分析力

5位　マネジメント力
4位　プロジェクト・マネジメント力
3位　リーダーシップ
2位　カスタマー・サービス力
1位　コミュニケーション力

不透明で先の見えない時代ですが、**「Human to Humanの対人力＝コミュニケーション力」は、今後も、人生最強のスキル**であることは間違いありません。

なのに、日本人の多くが、これまでその「正解」や「メソッド」を学ぶ機会に恵まれず、「コミュニケーション難民」化し、自信を失っているのは残念なことです。

私は学校や研修を通じて、多くの方々の背中を押し、驚くほど短時間で、生まれ変わるほどの自信を獲得する人たちの姿を見てきました。

「話すのが本当に楽しくなった」「もう怖くない」「お客さんがいっきに増えた」……、そういった変身マジックの秘密は、じつは自己暗示にあります。

「世界最高のテクニック、スキルを学んだのだから、自分は『絶対できる』」

そう思い込むようになるのです。

この本には、まさに、その**正真正銘の「世界最高の話し方の正解」**が詰まっています。

「コミュニケーションの重要性はわかっているが、どう学べばいいのかわからない」と途方に暮れている人にお伝えしたいのは、「話し方は正しく学べば、正しく変えられる」ということです。

「できない」のではなく**「(方法を)知らなかった」だけ**。

いま、この本を手にとってくださったこと、それ自体が勇気であり、ご縁です。「やってみよう」が「できるかも」に、そして、「できる!」に変わる。

その喜びと感動を、みなさんもぜひご体験ください。

2024年11月

岡本純子

【著者紹介】

岡本純子（おかもと　じゅんこ）

コミュニケーション戦略研究家／エグゼクティブ・スピーチコーチ／株式会社グローコム代表取締役社長
「世界最高の話し方」を教える「伝説の家庭教師」。

もともと自信がなく、人見知りだった自分を変えようと、米ニューヨークでコミュニケーションの科学的知見やトレーニングメソッドを学び、独自のコミュ力改造メソッドを確立。日本を代表する大企業や外資系のリーダー、官僚・政治家など、1000人を超えるトップエリートの家庭教師として、プレゼン・スピーチ等のプライベートコーチングに携わる。その劇的な改善ぶりから「伝説の家庭教師」と呼ばれる。

「あっという間にいつからでも、うまくなる話し方のテクニック」について、全国でワークショップや研修・講演活動を展開。

著書に、シリーズ累計20万部を突破した『世界最高の話し方』『世界最高の雑談力』『世界最高の伝え方』（いずれも東洋経済新報社）などがある。

「今年の顔100人」として「2021 Forbes JAPAN 100」に選出。2022年5月に、次世代リーダー向けの「世界最高の話し方の学校」を立ち上げた。

早稲田大学政治経済学部政治学科卒業。英ケンブリッジ大学院国際関係学修士。米MIT比較メディア学元客員研究員。読売新聞経済部記者、電通パブリックリレーションズ（現電通PRコンサルティング）を経て、現職。

この本で紹介した研究の
出典・参考文献などの
情報はこちらから。

なぜか好かれる「人前での話し方」

2024年12月12日　第1刷発行
2025年3月17日　第2刷発行

著　者――岡本純子
発行者――山田徹也
発行所――東洋経済新報社
〒103-8345　東京都中央区日本橋本石町 1-2-1
電話＝東洋経済コールセンター 03(6386)1040
https://toyokeizai.net/

装　丁…………金井久幸（TwoThree）
本文レイアウト……藤　星夏（TwoThree）
イラスト…………カンダアカネ
D T P…………アイランドコレクション
印　刷…………ベクトル印刷
製　本…………ナショナル製本
校　正…………加藤義廣／佐藤真由美
編集担当………中里有吾
　ISBN 978-4-492-04780-4